LUZIUS KELLER

Proust im Engadin

| Hoffmann und Campe |

1. Auflage 2011
Copyright © 2011 by
Hoffmann und Campe Verlag, Hamburg
www.hoca.de
Einbandgestaltung: Katja Maasböl, Hamburg
Satz: Dörlemann Satz, Lemförde
Gesetzt aus der Sabon
Druck und Bindung:
Memminger MedienCentrum
Printed in Germany
ISBN 978-3-455-40350-3

HOFFMANN
UND CAMPE

Ein Unternehmen der
GANSKE VERLAGSGRUPPE

INHALT

»Dem Vogel, der heut sang ...«   7

1. DIE REISE INS ENGADIN   11
*St. Moritz in der zweiten Hälfte
des 19. Jahrhunderts*   11
Paris – St. Moritz   19
Proust im Engadin   24

2. PROUST 1893   39
Freunde   39
Begegnungen   42
  Montesquiou   42
  Greffulhe   45
  Wagner   48
Von Le Banquet *zu* La Revue blanche   50
  Fächer   51
  »La Simplicité de M. de Montesquiou«   57
  »L'Indifférent«   58
  »Mélancolique Villégiature de
    Mme de Breyves«   60
  Fragmente eines Briefromans   64
  Leibhaftige Gegenwart   76
Poesie der Namen   89
Landschaftsbilder   91
Gedichtete Prosa   92
»... das Raunen der durchmessenen Räume«   99

ANMERKUNGEN   109
NACHWEIS DER ABBILDUNGEN   118
ZUM AUTOR   119

»Dem Vogel, der heut sang ...«

Auf seiner Suche nach Spuren großer Schriftsteller, Maler und Musiker in Graubünden hat Kurt Wanner eine Entdeckung gemacht, die das Herz jedes Literaturliebhabers höher schlagen läßt.[1] Hoch über dem Puschlav wird in einer abgelegenen Berghütte am Sassal Masone beim Berninapaß ein altes Gästebuch aufbewahrt, in das sich am 22. August 1893 neben Touristen aus Deutschland und Holland auch zwei Reisende aus Paris eingetragen haben: Louis de la Salle und Marcel Proust (vgl. Abb. 1). Anstatt sich an die Vorgaben des Gästebuchs zu halten (»Namen, Stand, Wohnort«), haben die beiden Franzosen zwischen Namen und Wohnort in den für »Stand« vorgesehenen Raum etwas hingesetzt, was zwar ihren Literatenstand und ihren Zustand – insbesondere den »état d'esprit« Marcel Prousts – angeben mag, für Außenstehende jedoch völlig unverständlich bleibt. Man fragt sich, was die Zusätze wohl heißen und bedeuten mögen, die die Angabe des Wohnorts, »Paris«, weit an den rechten Rand der Buchseite hinausrücken: zuerst – von der Hand Prousts – zwei in Klammern gesetzte Buchstaben, »(A. G.)«, dann nach einer gewellten Linie – wohl von der Hand de la Salles[2] – in deutscher Kurrentschrift »Dem Vogel, der heut sang«, schließlich ein paar Punkte und eine Schlußklammer.

Wanners Fund am Berninapaß darf als sensationell bezeichnet werden; daß er nicht zur Sensation wurde, hängt wohl auch damit zusammen, daß sich die Proust-Forschung mit fremd- und besonders mit deutschsprachigem

Schrifttum im allgemeinen eher schwertut. Dabei hat der Eintrag im Gästebuch auf Sassal Masone nicht nur dem Lokalhistoriker, sondern durchaus auch dem Proust-Biographen und mehr noch vielleicht dem Proust-Interpreten etwas zu sagen. Nach Kurt Wanner, der das Dokument entdeckt und einige bedenkenswerte Deutungsvorschläge zur Diskussion gestellt hat, unternehmen wir einen weiteren Versuch, das Geheimnis von Prousts kryptischem Eintrag zu lüften. Wir werden unsererseits das »Gebiet« nach Spuren absuchen: die Archive und Bibliotheken im Engadin, in Chur, in Paris; die Erinnerungen und Briefe von Prousts Bekannten und Freunden; die Briefe Prousts

1. Der 22. August 1893 im Gästebuch der Berghütte Sassal Masone.

und, wie es schon Wanner getan hat, seine Werke. Ausgehend von einem Ausflug zweier junger Pariser Literaten in die Gegend des Berninapaßes und dem Rätsel, das einer von ihnen uns aufgegeben hat, durchmessen wir im folgenden, wobei wir bald rasch voranschreiten, bald neugierig verweilen oder gar Umwege einschlagen, den biographischen und literarischen Kontext von Marcel Proust am 22. August 1893.

I. DIE REISE INS ENGADIN

St. Moritz in der zweiten Hälfte des 19. Jahrhunderts

St. Moritz hat in der zweiten Hälfte des 19. Jahrhunderts eine ungeheure Entwicklung erlebt.[3] Mit der Gründung der »Heilquellen-Gesellschaft von St. Moritz« und der Neufassung der Mineralquelle wurden um die Mitte des Jahrhunderts die Voraussetzungen für den Erfolg von St. Moritz-Bad geschaffen. Nachdem das Bauverbot für Gasthäuser in der Bäderzone schon 1840 aufgehoben worden war, konnte 1856 ein Kurhaus mit 50 Gästebetten und 1864 das Neue Kurhaus mit 129 Gästezimmern eröffnet werden. 1865 verfügte die Heilquellen-Gesellschaft über 229 Logierzimmer und 84 Bäder. Beinahe gleichzeitig regten sich die Dinge in St. Moritz-Dorf. 1855 pachtete ein junger Mann aus dem Schanfigg, Johannes Badrutt, der zuvor schon in Samedan eine kleine Pension mit Ballsaal eingerichtet hatte, die Pension Faller im oberen Dorfteil und führte sie fortan unter dem Namen »Engadiner Kulm«. 1858 kaufte er die Liegenschaft, baute das Haus um und erweiterte es kontinuierlich. 1909 zählte das Engadiner Kulm 300 Betten, und Johannes Badrutt galt als der Begründer nicht nur des Sommer-, sondern vor allem auch des Wintertourismus in St. Moritz (vgl. Abb. 4).

Die von Jean-Yves Tadié in seiner Proust-Biographie[4] vertretene Ansicht, St. Moritz sei zu Prousts Zeiten keineswegs ein Wintersportzentrum gewesen, trifft nicht zu. Die berühmte, von Johannes Badrutt gewonnene Wette, mit der St. Moritz als Winterkurort lanciert wurde, lag 1893

2. *St. Moritz-Dorf um 1880.*
Vorn im Bild der Postplatz; rechts das Postgebäude; dahinter, verdeckt, das Hotel & Pension Veraguth; rechts davon die Villa Flugi und unterhalb der Straße die Maison Flugi; zuoberst im Dorf, rechts vom schiefen Turm, das Hotel Kulm; dahinter die Villa Schickler.

schon beinahe dreißig Jahre zurück. An einem neblig kalten Novembertag des Jahres 1864 hatte der Besitzer des Kulm seine letzten englischen Sommergäste mit dem Vorschlag verabschiedet, an Weihnachten wieder nach St. Moritz zu kommen. Gleichzeitig versprach er den ungläubigen Engländern, man könne sich ohne Hut und Mantel im Freien aufhalten. Es wurde eine Wette abgeschlossen, und an Weihnachten empfing der Hotelier seine Gäste in Hemdsärmeln vor seinem Hotel. Der Wintertourismus war geboren, und die St. Moritzer Sonne wurde bald zum Mythos. Schon 1870 wurde der Skating Club gegründet, 1880 der St. Moritz-Curling-Club, 1885 der St. Moritz

*3. St. Moritz-Dorf um 1900.
In der Bildmitte das neuerbaute Palace Hotel; vor dessen
Turm das Veraguth; rechts das Hotel Schweizerhof; davor,
etwas verdeckt, ein Waggon der elektrischen Straßenbahn;
ganz links, hinter dem 1897 errichteten Kirchturm, das erweiterte
Kulm.*

Tobogganing Club (der Cresta Club oder Skeleton Club),
1889 der Winterkurverein, und 1891 wurde der Bobrun
zwischen St. Moritz und Celerina eröffnet.

Unterdessen hatte sich das Ortsbild völlig verändert
(vgl. Abb. 2 und 3). Aus Wirtschaften waren Hotels geworden, aus Kaffeestuben Pensionen; es entstanden Luxushotels wie das Du Lac (1875), das Victoria (1875) und
das Stahlbad (1892) in St. Moritz-Bad oder das Palace
(1896) und der Schweizerhof (1898) in St. Moritz-Dorf,
daneben aber auch kleinere Häuser und Chalets, »Maisons
und Villen«, wie man sie damals nannte.[5] 1879 brannte im
Kulm – gespeist vom hauseigenen Kraftwerk – die erste

4. *Werbung für die Wintersaison.*

elektrische Glühbirne von St. Moritz (ja der Schweiz), und 1896 wurde die elektrische Straßenbahn zwischen Dorf und Bad eingeweiht. Die obere Endstation befand sich auf dem Postplatz. Auf offiziellen Ortsplänen heißt dieser Platz, der heute vom Hotel Schweizerhof, dem Hotel Steffani und dem Café Hauser umgeben wird, »Plazza dalla Posta Veglia«, doch hat sich die rätoromanische Bezeichnung nie eingebürgert; in den fünfziger und sechziger Jahren sprach man vom »Sonnenplatz«, heute – ebenso zutreffend – vom »Kreisel«. Gäste kamen in großer Zahl, und zweimal wöchentlich veröffentlichte das *Allgemeine Fremdenblatt für sämtliche Kurorte Graubündens und der Ostschweiz* ausführliche Fremdenlisten. Illustre Namen, regierende Fürsten bevorzugten die großen Häuser in St. Moritz-Bad (später das Palace), Engländer und Amerikaner das Kulm, Italiener, Deutsche, Franzosen und Schweizer meist bescheidenere Unterkünfte. Auch Marcel Proust und dessen Freund Louis de la Salle sind nicht in einem Luxushotel, sondern in dem währschaften Hotel & Pension Veraguth abgestiegen[6] (vgl. Abb. 5). Proust und de la Salle wurden am 12. August 1893 zum erstenmal, am 26. August 1893 zum letztenmal gemeldet.

Das Hotel & Pension Veraguth, später Hotel Post & Veraguth, lag etwas zurückversetzt neben dem Postgebäude am damaligen Postplatz. Es handelte sich um ein altes Engadiner Haus, in dem zuvor die erste nachweisbare Kaffeestube des Dorfes untergebracht war. Die Prospekte (vgl. Abb. 6) werben u. a. mit elektrischer Beleuchtung, Telephon und großer schattiger Terrasse mit Fernsicht. Heute würde gewiß nicht mehr mit einer schattigen, sondern mit einer sonnigen Terrasse geworben, doch die Kundenwünsche ändern sich. Die versprochene Fernsicht wird durch die Prospekte eindrücklich illustriert: Blick auf den St. Moritzersee, die Meierei, den Stazerwald und die Berge hinter

Hotel & Pension Veraguth.

B. Arquint.

Sig Camilleri e famiglia, Alexandrie
Herr Pfarrer Wolf, Tschirnen, Schlesien
Sigra. Venini con famiglia, Colico
Miss Stuart, England
Sigr. Dottore Ettore Verga, Milano
Mad. Flamand et famille, Belfort, France
Mr. Marcel Proust, Paris
Mr. Louis de la Salle, Paris
Sigr. Buzzi Gianfranco e Sigra.,
                        Ragioniere, Milano
Mr H. Yuillard, Mulhouse
Mr˙O. Yuillard, Mulhouse
*Herr Nestor Hirsch mit Frau Gemahlin
   und Fräulein Tochter, Offenbach
Sigr Avvocato Andina Filippo, Milano
Sigr Dr. Ferrari Ettore, Milano
Sigr Cattaneo Felice, Milano

5. *Auszug aus dem Allgemeinen Fremdenblatt vom 23. August 1893.*

Pontresina: Piz Muragl und Piz Languard. Vergleicht man aber die werbenden Prospekte mit zeitgenössischen Photographien oder Katasterplänen, so stellt man fest, daß das Postgebäude doch sehr nahe an das Veraguth heranreichte und daß unmittelbar vor der Aussichtsterrasse, auf der unteren Seite der Straße, sich ein stattliches Engadinerhaus erhob. Es handelt sich um das Stammhaus der Familie Flugi von Aspermont, das unter der Bezeichnung »Maison Flugi« auch als Gästeunterkunft diente. Conradin von Flugi, dem bereits zwei Nachbarliegenschaften gehörten (die Villa Flugi und das Haus Buob mit dem Restaurant Rhätier), kaufte 1905 das Veraguth, veranstaltete im März 1906 in Gegenwart der damaligen St. Moritzer Prominenz ein großes Abschiedsfest, ließ 1907 alle drei Gebäude abbrechen und errichtete an ihrer Stelle das Neue Posthotel.[7]

Bei der Durchsicht der Fremdenlisten aus den neunziger Jahren trifft man auf mehrere Namen, die mit Marcel Prousts Biographie in Verbindung stehen.

6. *Werbung für das Veraguth.*

1892 verbrachte der Graf Robert de Montesquiou mehrere Wochen im Hôtel Belvédère (vgl. Abb. IV), während zahlreiche weitere Angehörige der Pariser Gesellschaft im Hotel Bellevue in St. Moritz-Bad Quartier bezogen hatten. Eine Dépendance und die Villa Monplaisir waren diesem Hotel angegliedert, wodurch es für den Aufenthalt von Gästen besonders geeignet war, die mit Familie und Dienerschaft reisten. So findet man denn für den Sommer 1892 Namen wie: Mons. et Mad Meredith Howland et domestiques, Paris; Mons. et Mad Étienne Ganderax et famille, Paris; le comte et Mad. la comtesse de La Rochefoucauld et leur fille Corseau, Paris; Mad. la comtesse de Salignac-Fénelon, Paris; Mad. la duchesse de Gramont avec famille et domestiques, Paris … sozusagen eine Miniaturausführung des Faubourg Saint-Germain. Der Pariser Geldadel dagegen logierte in St. Moritz-Dorf: Mad. la baronne Edmond de Rothschild, Paris, sowie Mr. et Mad Léon Fould avec famille, 8 personnes, Paris, wurden von einem Haus gemeldet, das sich bald Les Villas Flugi, bald einfach Villa Flugi nannte und »grands appartements et chambres élégantes avec ou sans cuisine etc.« anpries. Zur Villa Flugi gehörte ein kleineres Gebäude, das unmittelbar neben dem Veraguth lag und auf Abb. 2 gut sichtbar ist, sowie die unterhalb der Straße gelegene Maison Flugi. Die obere Villa Flugi ist auch auf dem Werbeprospekt des Veraguth dargestellt. Der Vergleich mit der Photographie zeigt, daß Werbeprospekte in bezug auf Größe der Baukuben und Verlauf von Baulinien ebenso unzuverlässig waren wie in puncto versprochener Aussicht. Zusammen mit dem Veraguth wurde die obere Villa Flugi 1907 bei dem Bau des Neuen Posthotels abgerissen. Das unterhalb der Straße gelegene Haus wurde um die Jahrhundertwende um drei Stockwerke erweitert und mit Zutaten im historizistischen Stil verziert. Von nun an gab sich zwar die frühere Maison Flugi für ein Schloß aus (»Château«), doch diente jetzt das ehemalige Patrizierhaus dem benachbarten Hotel Schweizerhof als Dépendance. 1943 wurde das Château abgerissen, wohl zur Freude der bergseitigen Nachbarn, denn so freistehend, wie es die Werbung für das Neue Posthotel (vgl. Abb. V) glauben macht, war das angepriesene Haus eben doch nicht. Später befand sich an der Stelle des ehemaligen Château eine sonnige Terrasse mit Fernsicht; dann diente diese als Parkplatz, heute stehen dort schicke Läden.

Im Sommer 1893 wurden die noblen Pariser dem Hotel Bellevue offensichtlich untreu. Mad. la comtesse de Salignac-Fénelon (avec famille et domestique, 5 pers.) logierte jetzt – wie Montesquiou ein Jahr zuvor – im Hôtel Belvédère, während sich die Howlands wie die Foulds, Mr. Ignace Ephrussi (avec domestq., Paris), Mad Lemaire in der Villa Flugi einquartierten. Eine Erweiterung des

Hauses (wohl in der unterhalb der Straße gelegenen Maison Flugi) drängte sich auf, und für die nächste Saison ließ man vom 23. August an im *Fremdenblatt* ankündigen: »Pour la saison 1894. Dix appartements avec ou sans cuisine.«

Tatsächlich trafen denn auch 1894 die Gäste aus Paris in großer Zahl ein: die Herzogin von Rohan, deren Name in fettgedruckten Lettern die Fremdenliste anführt, dann die weiteren Vertreter der Pariser Hautevolee: Comtesse Aline d'Harcourt, Mathilde d'Haussonville, M. et Mme Léon Fould, comtesse de Caraman-Chimay, M. et Mme Meredith Howland, M. Étienne Ganderax, Mad Lemaire, Mlle Lemaire.

Paris – St. Moritz

Wie heute noch führte 1893 die Reise von Paris nach St. Moritz über Basel und Chur, doch folgten die Züge nicht überall der heutigen Linie. Von Paris ging es über Troyes oder Châlons nach Belfort und von dort unter Umfahrung des deutschen Elsaß über Delle und Delémont nach Basel; von Basel über den Bözberg nach Zürich; dann weiter über Thalwil oder aber unter Umfahrung des von einer anderen Gesellschaft bedienten Zürichsees über Wallisellen, Uster, Rapperswil nach Ziegelbrücke und dann dem Walensee entlang auf der heutigen Strecke nach Sargans, Landquart und Chur. Im »Livret Chaix« vom Monat Juni 1893 boten die Chemins de Fer de L'Est folgende Verbindung an: Paris ab 20 Uhr 40 im direkten Zug nach Basel, Abteilwagen erster Klasse mit W.C. und Lavabo; Basel an 6 Uhr 34; Basel ab 7 Uhr 25; Fahrt über Zürich, Thalwil

7. Die Burgruinen Nieder-Juvalta und Ober-Juvalta am Eingang ins Domleschg.

8. Schloß Ortenstein (im Hintergrund Ober- und Nieder-Juvalta) und die Ruine Campi aus dem Band Thusis der »Europäschen Wanderbilder«.

9. Postkutsche in der Schynschlucht um 1886.

10. Postkutsche auf dem Julierpaß um 1900.

und Ziegelbrücke; Chur an 13 Uhr 15.[8] Auf einem Plakat der Compagnie Internationale des Wagons-Lits aus dem Jahre 1895 (vgl. Abb. II), also zwei Jahre nach Prousts Reise in die Schweiz, wird folgende Verbindung angeboten: Paris ab 17 Uhr 15 in einem Zug mit Speisewagen; Umsteigen in Châlons um 20 Uhr 43 in den Calais–Interlaken–Engadine-Express; Ankunft in Chur am folgenden Tag um 10 Uhr 05. Dort endete die Eisenbahnlinie. Die Weiterfahrt nach St. Moritz – mit der Post oder einem gemieteten Wagen – konnte über drei verschiedene Routen erfolgen. Die erste führte über die Lenzerheide und den Albulapaß (Reisezeit laut der Sommerfahrtordnung 1893 im *Postkursbuch der Schweiz* ca. dreizehn Stunden), die zweite über die Lenzerheide und den Julierpaß (Reisezeit ca. zwölf Stunden), die dritte durch das Domleschg, die Schynschlucht und über den Julierpaß (Reisezeit ca. vierzehn Stunden). Zwei Indizien erlauben uns anzunehmen, Proust habe die Route durch das Domleschg gewählt, die zweifelsohne auch die schönste ist. In einem Text, den er im Engadin geschrieben hat und von dem noch die Rede sein wird, berichtet er, die Reise von Chur nach St. Moritz habe vierzehn Stunden gedauert, was genau der Reisezeit der dritten Route entspricht. Außerdem erwähnt er eine Burgruine auf einem »wirklich unerreichbaren und schwindelerregenden Felskamm«. Gewiß ist ganz Graubünden mit Burgruinen reich gesegnet, und auf allen drei genannten Routen der Alpenpost kommt man an Burgen und Ruinen vorbei. Zwischen Reichenau und Tiefenkastel aber, auf der Route also durch das Domleschg und den Schyn, werden die Burgen und Schlösser zu einer eigentlichen Attraktion: Nieder-Juvalta, Ober-Juvalta, Ortenstein, Canova, Ehrenfels, Baldenstein, Campi usw. (vgl. Abb. 7 und 8). Diese großartige Kulisse hat nicht nur in der Reise-, sondern auch in der Heimatliteratur des ausgehenden

19. Jahrhunderts ihre Spuren hinterlassen. In Johanna Spyris Roman *Schloß Wildenstein* (1892)[9] ist der Bezug auf die Schlösser des Domleschgs kaum verhüllt; und im *Illustrierten Posthandbuch 1893* wird die Fahrt von Thusis zum Eingang in die Schynschlucht folgendermaßen beschrieben: »Bei dem nun folgenden Aufstieg entwickelt sich allmählich ein prächtiges Bild: Man übersieht das ganze Domleschg und den Heinzenberg, im Westen ragt stolz der Piz Beverin in die Höhe, die Burgruine Hoch-Realta schaut von ihrem kühnen Felsenpostament ins Thal herab, etwas näher die schwarze, viereckige Turmruine von Ehrenfels; [...] Schloß und Fabrik Baldenstein unten an der blauen Albula [...]. Daneben erhebt sich aus einer Gruppe mächtiger Kastanien der hohe krenelierte Turm von Campi, des Stammsitzes der altberühmten Familie Campell.«[10] Noch etwas poetischer geht es bei dem St. Moritzer Pastor Camill Hoffmann zu, wenn er in seinem Führer von St. Moritz-Bad die Reise von Chur nach St. Moritz beschreibt. Das in der Reihe »Europäische Wanderbilder« erschienene Bändchen ist ein merkwürdiges Zeugnis jener pittoresk-enthusiastischen Gebirgsbeschreibung des Fin de siècle, der auch Prousts Engadiner Texte verpflichtet sind. Es ist in Form von Briefen an einen Freund oder Gesprächen mit einem Freund abgefaßt, so daß, wie wir noch sehen werden, die Engadiner Bilder des pastoralen Literaten auch auf erzähltechnischer Ebene mit Proust in Verbindung gebracht werden können. Zu den Routen von Chur nach St. Moritz steht bei Hoffmann folgendes: »Zwei weitere Wege – für dich die kürzesten, um hiher zu gelangen, sind vom genannten Chur aus die beiden Pässe Julier und Albula. Zur Hineinfahrt rate ich zum ersteren. Du durcheilst dabei im frühen frischen Morgenglanz die Gegenden des Heinzenberges und Domleschgs, wo der Geist der Geschichte in mannigfachen Denkmä-

lern, die als stolze Burgen oder zerfallene Ruinen von trotzigen Höhen und zerrissenen Felsterrassen herabgrüßen, dich gewaltig anpackt. Drauf geht's dem tosenden Bergwasser entlang, an senkrechten Wänden und furchtbaren Schlünden vorbei, über schwindelnde Brücken den sogenannten Schyn hinauf und immer weiter im hundertfachen Wechsel erschütternder Hochgebirgsbilder bis auf die düstere kahle, tote Julierhöhe. Da auf einmal, in überwältigendem Kontrast erhebt sich vor dem entzückten Auge die ganze Herrlichkeit des Engadin – im Hintergrund über dem Sattel des Surlej sich stolz erhebend der König des ostschweizerischen Gebirgs, der himmelragende Bernina, sein leuchtend Eisgewand im Gold der Abendsonne badend – an den Hängen seiner Vorberge aber winkt Wiesengrün und Waldesschatten und in der Tiefe der zaubrisch gefärbte Bergsee. Noch eine Kehre – und von links her empfängst du aus der Ferne über den See und dunkelbewaldete Höhenzüge hinweg den ersten Gruß des in der Abendsonne aufleuchtenden lieblichen Ortes, der dir Heil bringen soll.«[11]

Proust im Engadin

Im folgenden betrachten wir biographische Dokumente zu Prousts Aufenthalt im Engadin sowie das Kapitel ›St. Moritz‹ in der Proust-Biographik.

Wir beginnen mit einer Auflistung von Briefstellen. Die ersten konkreten Hinweise auf Prousts Reisepläne für den Sommer 1893 finden sich in einem Brief an Robert de Billy (vgl. Abb. 12), den Kolb auf Mai oder Juni 1893 datiert:

Ich werde wahrscheinlich den Monat August (wenn ich mein Jura-Examen bestehe) in St. Moritz verbringen. Robert de Montesquiou und Mme. Howland, die Du vielleicht beide in St. Moritz getroffen hast und die reizend sind, reden mir sehr zu. Ich werde dort übrigens viele Damen kennenlernen, und Louis de la Salle wäre so nett, wenn ich gehen würde, mich zu begleiten und mit mir zu wohnen. Ich werde Dich um viele Auskünfte bitten und zähle auf Dich, um meine Familie zu überzeugen.[12]

Im Postskriptum eines Briefes an Montesquiou vom 7. Juli scheint Proust plötzlich – aus Gründen, die uns unbekannt sind – auf die geplante Reise verzichten zu wollen:

Wahrscheinlich werde ich nicht nach St. Moritz fahren können. Es ist aber noch nicht sicher.[13]

Doch gegen Ende des Monats steht der Entschluß fest. Proust erwähnt die bevorstehende Reise im Postskriptum eines Briefes vom 29. Juli 1893 an den Grafen von Saussine:

Die Fürstin von Léon, die ich in St. Moritz sehen werde, und Mme. de Bassano sind, wie man mir sagt, charmant und intelligent. Stimmt das?[14]

Das Abreisedatum läßt sich aus einem Brief an Daniel Halévy vom Freitag, 4. August 1893, eruieren:

Schreib mir bis Montag an Boulevard Malesherbes 9, und auch nachher, mit nachsenden, bis ich dir geschrieben habe.[15]

Da Proust am Montag morgen offenbar noch in Paris weilte, plante er seine Abreise wohl am Montag abend (7. August). Die Reise nach St. Moritz verursacht eine Pause in Prousts Briefwechsel. Erst am 19. August schreibt er wieder an Halévy:

> Ich bin noch für einige Tage in der Pension Veraguth, St. Moritz, Oberengadin, wohin mir Dein Brief nachgeschickt wurde, eben mit Louis de la Salle.[16]

Vom 20. August datiert ein Kondolenzschreiben an Mme. Blanche, das Proust im Gegensatz zu den Briefen an Halévy mit Ortsangabe und Datum versehen hat: »Saint-Moritz, dimanche 20 août.«[17]

Und am 21. August, immer an Daniel Halévy:

> Schreib nicht mehr an Pension Veraguth, sondern nach Évian postlagernd. Wir werden erst am 26. oder 27. August ankommen.[18]

Rückblickend dann schreibt er an Robert de Billy aus Trouville, wo er sich mit seiner Mutter zwischen dem 6. und 16. September im Hôtel des Roches-Noires aufhielt:

> Meine Reise war sehr schön; nach drei Wochen in St. Moritz und einer am Genfersee bin ich jetzt mit Mama in Trouville, Hôtel des Roches-Noires. Meine Impressionen werden Sie in der *Revue blanche* lesen […] Die Leute? Davon will ich gar nicht reden, sonst spöttelt mein gestrenger Robert wieder über meinen Hang zur mondänen Welt.[19]

Auf einige weitere Erwähnungen des Engadins in der *Correspondance* werden wir später zu sprechen kommen. Bevor wir aber nach weiteren Zeugnissen von Prousts Aufenthalt in St. Moritz suchen, betrachten wir nun, wie die Biographen mit diesen spärlichen Angaben umgegangen sind.

Bis zum Erscheinen von Jean-Yves Tadiés *Marcel Proust* im Frühjahr 1996 waren die beiden Bände von George D. Painters Proust-Biographie aus den Jahren 1959 und 1965 die ebenso umstrittene wie unentbehrliche Grundlage jeder Beschäftigung mit Prousts Leben.[20]

Verständlicherweise spielt in der Proust-Biographik das Engadin nur eine geringe Rolle. Bei Painter wird es im 9. Kapitel (»Die ersten Begegnungen in Sodom und Gomorra«) im Zusammenhang mit dem jungen Genfer Edgar Aubert (vgl. Abb. 12), einem Freund Robert de Billys, den aber auch Proust ins Herz geschlossen hatte, erstmals erwähnt. Man erfährt, Billy und Aubert hätten im August 1892 gemeinsame Ferientage in St. Moritz verbracht, während sich Proust, dessen Gedanken oft bei Aubert und Billy weilten, bei der Familie Finaly in Trouville aufhielt. Aubert ist am 18. September 1892, kurz nach den mit Billy verbrachten Ferientagen, an einer Blinddarmentzündung gestorben. Zu Prousts eigenem Engadiner Aufenthalt im folgenden Sommer schreibt Painter:

> Proust erfreute sich zweier sehr verschiedener Freundschaften, als er im August mit Montesquiou und Louis de la Salle, mit dem er im Sommer zuvor bei der Familie Finaly zu Gast gewesen war, nach St. Moritz fuhr. In der Begleitung des Grafen war eine seiner Angebeteten, Mme Meredith Howland, eine Vertraute von Charles Haas und eine der wenigen Amerikanerinnen, die da-

mals zur hohen Gesellschaft Zutritt hatten; sie und Montesquiou waren auch im Vorjahr hier gewesen, zur selben Zeit wie Billy und Aubert; die zwei Paare hatten sich freilich nicht getroffen. Proust und La Salle fuhren mit der Drahtseilbahn auf den Rigi, bestiegen die Alp Grüm und genossen die Aussicht auf den blauverschwommenen Eingang nach Italien; und am Silsersee beobachteten sie einen Schwarm von rosa Schmetterlingen, die zum anderen Ufer hinüberflogen und dann wiederkehrten. Nach drei Wochen begab sich die Reisegesellschaft auf eine letzte Ferienwoche nach Genf und traf dort ein genaues Miniaturmodell der Pariser Gesellschaft an: Proust hatte das vorausgesehen und Billy zu seiner Rechtfertigung erklärt: »Außerdem werde ich dort viele Frauen kennenlernen.«[21]

Diese Darstellung wird von Kolb, Erman, de Diesbach und Michel-Thiriet unbesehen übernommen,[22] doch Tadié hat der literarischen Welt, die es eigentlich seit Mark Twain und Alphonse Daudet wissen müßte,[23] in Erinnerung gerufen, daß der Rigi nicht im Engadin, sondern am Vierwaldstättersee liegt, gute zweihundert Kilometer nordwestlich von St. Moritz. Allerdings stellt er seine Leser vor neue geographische Rätsel. Bei der Burg nämlich, an der die Wagenfahrt von Chur nach St. Moritz vorbeiführte und die Proust in einem seiner Texte aus dieser Zeit erwähnt, soll es sich um »le château fort de Greifenstein, en Silésie«[24] handeln. Da kann man nur staunen: Paris – St. Moritz via Schlesien? Dann doch lieber mit einem kleinen Umweg über den Vierwaldstättersee! Oder soll man weiterphantasieren, und ist mit der Burg Greifenstein in Schlesien vielleicht die Burg Baldenstein bei Sils im Domleschg gemeint, die tatsächlich an Prousts Reiseroute liegt?
Was den Rigi im Engadin betrifft, so hat schon Kurt

Wanner versucht, in dieses Mysterium einzudringen. War Proust vielleicht auf dem Piz Languard, der wegen seiner fabelhaften Aussicht auch der »Rigi des Engadins« oder »Engadiner Rigi«[25] genannt wurde und dessen Besteigung – zu Fuß oder per Maultier – im Baedeker empfohlen wird?[26] Doch wie hätte Proust (bei aller Vorliebe für Metaphern) ein Maultier mit einer Seilbahn verwechseln können?

Oder war er vielleicht, könnte man sich auch fragen, auf einem anderen von einer Drahtseilbahn erschlossenen Engadiner Aussichtsberg, beispielsweise auf Muottas Muragl, einem schon damals beliebten Ausflugsziel? Nein, auch diese Hypothese muß fallengelassen werden, denn 1893 gab es im Engadin lediglich projektierte Bergbahnen. Die geographische Fehlleistung der Biographen läßt sich mit einer Stelle aus Prousts Briefwechsel erklären. Im August 1906 schrieb Proust an Robert de Billy, der sich in den Alpen aufhielt:

> Gewiß unternehmen Sie in diesem Augenblick solch herrliche Bergtouren, wie sie für Ruskin die größte Freude des Lebens bedeuteten, für ihn, der doch so viele, so verschiedenartige und immer erhabene empfunden hat. Ich wäre da nicht auf Ihrer Höhe. Ich war mit La Salle auf dem Rigi, per Bahn, und stieg zur Alp Grüm hoch, zu Fuß, auch mit ihm – und später, vor drei Jahren, per Maultier, mit Louisa und Albu, der natürlich noch nicht verheiratet war, nach Montanvert, wo ich ihre Reize spazierenführte. Wäre ich doch wenigstens dazu einst wieder imstande! Auf alle Fälle wäre es eine große Freude, wenn Sie dabei wären; wie ein Erwachsener, der seine Schritte den Schritten eines Kindes anpaßt, würden Sie für einen Tag Ihre wagemutigen Besteigungen vergessen und mit mir jene Krankejungfernspaziergänge unternehmen.[27]

Offensichtlich spricht Proust hier von seinen alpinistischen Leistungen überhaupt und nicht nur von seinem Aufenthalt im Engadin. Er erinnert sich an eine Fahrt auf den Rigi, an eine Wanderung auf Alp Grüm, beides mit Louis de la Salle (im Sommer 1893), sowie an eine Expedition mit Louis d'Albufera und dessen Freundin Louisa de Mornand nach Le Montanvers bei Chamonix (im September 1903). Offensichtlich liegt hier auch der Grund dafür, daß sich der Rigi im Geist der Proust-Biographen lange Zeit im Engadin erhob.

Auch Painters Vorstellung, Proust sei zur Alp Grüm hochgestiegen, entspricht nicht ganz der geographischen Realität, obwohl sie auf Prousts Formulierung zurückgeht. Die Wanderung zur Alp Grüm führt nämlich vom Berninapaß, wohin man mit der Post oder einem gemieteten Wagen gelangte, nicht aufwärts, sondern bergab. Immerhin geht es auf dem Rückweg dann bergauf, und Proust hat ja, wie wir bereits wissen, auch noch die Berghütte am Sassal Masone besucht. Diese erreicht man vom Berninapaß sanft ansteigend in etwa einer Stunde, von Alp Grüm aus, etwas weniger sanft steigend, ebenfalls in etwa einer Stunde.

All das wiegt nicht allzu schwer, doch sind Painter im Zusammenhang mit ›Proust im Engadin‹ noch weitere Fehlinformationen anzulasten, die zum festen Bestandteil der Proust-Biographik geworden sind. Einige davon betreffen Montesquiou und dessen Aufenthalte im Engadin. Ein Brief Prousts an den Grafen vom 30. Juli 1894 müßte eigentlich jeden Biographen stutzig werden lassen. Darin steht nämlich:

> Ich hoffe, Sie verreisen nicht sogleich in jenes Engadin, wo ich voriges Jahr »allein und ohne Montesquiou« war und wohin ich, wie ich fürchte, dieses Jahr nicht gehen kann.[28]

Was in Anführungszeichen steht, ist ein leicht abgewandeltes Zitat aus dem Gedichtband *Le Chef des odeurs suaves* von Montesquiou. Was soll das aber bedeuten? Vielleicht, daß im August 1893 Montesquiou zwar im Engadin war, sich aber Proust entzogen hat, um ihn seinen Bekannten aus der Gesellschaft nicht vorstellen zu müssen. Vielleicht aber auch ganz wörtlich, daß Montesquiou im August 1893 eben nicht in St. Moritz war. Und genau diese Vermutung wird nicht nur durch Prousts Briefwechsel, sondern auch durch die Engadiner Fremdenlisten gestützt. So wird denn die Proust-Biographik fortan mit der Idee leben müssen, dass Proust im August 1893 aller Wahrscheinlichkeit nach nicht mit, sondern ohne Montesquiou im Engadin weilte.

Hingegen ist auch in anderen Briefen aus dem Jahr 1894 mehrmals von der Absicht Montesquious die Rede, nach St. Moritz zu fahren. Am 30. Juli hofft Proust, die Abreise stehe nicht unmittelbar bevor und bedauert, nicht mitfahren zu können. Daß er verlockendere Ferienpläne hat, wird selbstverständlich nicht erwähnt. Er hatte nämlich im Mai den jungen Komponisten Reynaldo Hahn kennengelernt, sich auf der Stelle in ihn verliebt und wollte mit ihm zusammen einige Wochen auf Madeleine Lemaires Sommersitz Schloß Réveillon verbringen. In zwei Briefen vom 6. August wünscht er Montesquiou ein »gesundes Engadin« und beschwert sich darüber, daß der Graf ihm vom Engadin abgeraten habe. Am 18. September bedankt er sich dann für einen Brief, den ihm Montesquiou aus dem Engadin geschrieben hat. Bis auf die Frage, weshalb wohl Montesquiou nicht wollte, daß Proust im August 1894 ins Engadin fahre, scheint es keine Probleme zu geben, und Painter berichtet denn auch über Montesquious Aufenthalt in St. Moritz:

Montesquiou verbrachte den August in St. Moritz, das ihm weit weniger als in den zwei vorausgegangenen Jahren zusagte. »Die Schweiz ist häßlich«, erklärte er gegenüber der jungen Elisabeth de Gramont, der Tochter des Duc Agénor und späteren Freundin von Proust, die im gleichen Hotel wohnte; »wenn man schon einmal auf eine passable Aussicht stößt, ist sie durch eine riesige Tafel mit der Aufschrift ›Hôtel Belle-Vue‹ verstellt.«[29]

Wenn man nicht wüßte, dass Painter gern Begegnungen erfindet und daß Montesquiou sich zwar im Sommer 1892, nicht aber im Sommer 1893 in St. Moritz aufgehalten hat, dürfte man ruhig über diese Stelle hinweglesen. Vorsicht ist jedoch geboten. Woher bezieht Painter seine Information? Ohne Zweifel aus den Erinnerungen jener jungen Dame, die sich gleichzeitig mit Montesquiou in St. Moritz aufhielt. In ihren Erinnerungen an Montesquiou und Proust erzählt sie, nun als Élisabeth de Clermont-Tonnerre, von einer »bemerkenswerten Persönlichkeit, die meine sechzehn Jahre beeindruckte«:

Man war übereingekommen, ich solle im August jenes Jahres meine Mutter nach St. Moritz begleiten. Mein Vater fand die Alpen zu hoch und wollte mich in die Pyrenäen mitnehmen. Ich machte eine Novene mit meiner Schwester und meiner Hauslehrerin und meinen Kreuzweg in der Kirche von Mortefontaine. Die Götter erhörten mich, und mit pochendem Herzen reiste ich nach der Schweiz, wo ich in Chur meine Mutter treffen sollte, die von Bayreuth zurückkam.
Ich war sogleich hingerissen von der Kraft der Luft, dem Geruch nach Heu und dem Geräusch der Quellen, die durch ihre schmalen Holzrohre in den Straßengraben flossen.

Die Gesellschaft, in der wir unsere Zeit verbrachten, nahm ihren Tee wie in Paris, aber auf 1800 Metern. Bald traf man sich auf Ober-Alpina, bald auf Unter-Alpina. Man traf einen französischen Diplomaten, einen Spanier, einen amerikanischen Haushalt, einen Liebhaber, der es auf Bibelots und junge Männer meines Alters, mit denen ich Tennis spielte, abgesehen hatte.
Vor diesem freundlichen, doch monotonen Hintergrund

Kam endlich Malherbe ...[30]

Er trug einen weichen Hut, sein Anzug war schmucklos, fiel aber trotzdem durch gewisse Details auf, die an sich kaum wahrnehmbar waren, aber eine gewaltige Wirkung erzielten. Ein winziges Hervorragen des Taschentuchs, die Krawatte, die Handschuhe und das Gamsleder der Schuhe, alles harmonierte, um die matte Tönung des Anzugs aufschimmern zu lassen. [...]
Von diesem Augenblick an verbrachte ich nun meine Nachmittage, indem ich auf den Spazierwegen von St. Moritz neben diesem neuen Messias einherschritt. [...]
Dann sagte er: »Die Schweiz, dieser Nährboden der Nationen, ist häßlich. Sie taugt höchstens, um auf Briefbeschwerern dargestellt zu werden, auf Schreibunterlagen und auf Federhaltern mit einer kleinen Lupe im Stiel, wodurch, wenn man ein Auge schließt, der Rigi zu sehen ist. Wenn sich einmal zufällig eine Aussicht auftut, so ist sie mit einer riesigen Tafel ›Hotel Bellevue‹ verstellt.«
[...]

Zu jener Zeit kannte Montesquiou Marcel Proust schon, der damals ein ganz junger Mann war. Er hatte ihm sogar von St. Moritz aus geschrieben, und Marcel Proust hat geantwortet:

Wie kann ich Ihnen für Ihre schöne Karte danken, für Ihre wohlwollenden und geistreichen Ermunterungen. Wie hübsch ist sie doch, diese Postkarte einer Gegend, von der Sie so treffend gesprochen haben ... unter anderem von der Lektion, die die Gipfel den Tälern und den Städten erteilen ...[31]

Offensichtlich sind die Erinnerungen der Gräfin von Clermont-Tonnerre die Quelle Painters. Hier hat er jene Szenen gelesen, die im Sommer 1894 stattgefunden haben sollen. Es spricht jedoch einiges gegen diese Datierung: Élisabeth de Gramont wäre im Sommer 1894 nicht sechzehn-, sondern achtzehnjährig gewesen. Außerdem ist die Familie Gramont in den St. Moritzer Fremdenlisten von 1894 nicht nachgewiesen. Wir finden sie jedoch 1892 im Hotel Bellevue in St. Moritz-Bad, während Montesquiou gleichzeitig vom Hôtel Belvédère in St. Moritz-Dorf gemeldet wird. Sie logierten also nicht, wie Painter behauptet, im gleichen Hotel. Auch der Aufenthalt von Mme. de Gramont in Bayreuth, von dem in den Erinnerungen ihrer Tochter die Rede ist, kann nachgewiesen werden. Ihr Name figuriert unter den Besuchern des Jahres 1892 in den von Albert Lavignac zusammengestellten Listen im Anhang seines Werks *Le Voyage artistique à Bayreuth* (1897). Man darf also mit einiger Gewißheit die Begegnung Élisabeth de Gramonts mit Robert de Montesquiou auf das Jahr 1892 datieren. Dadurch entstehen jedoch neue Probleme, hervorgerufen nicht durch die Phantasie Painters, sondern durch das Gedächtnis von Mme. de Clermont-Tonnerre. Als Robert de Montesquiou der jungen Élisabeth de Gramont seine Vorträge über die Häßlichkeit der Schweiz und über andere, literarisch bedeutsamere Themen hielt,[32] konnte er von Marcel Proust noch keine Briefe erhalten haben. Er hat ihn erst ein Jahr später kennengelernt. Die erwähnte

Postkarte Montesquious an Proust und der zitierte Dankesbrief sind jedoch nicht erfunden; nur datieren sie von einem späteren Zeitpunkt, nämlich vom Monat März 1909.³³ Der Brief wurde 1930 im ersten Band (*Lettres à Robert de Montesquiou*) der *Correspondance générale* erstmals publiziert. Da die Erinnerungen der Gräfin von Clermont-Tonnerre aber schon 1925 erschienen sind, muß ihr Montesquiou zu einem früheren Zeitpunkt – nicht aber, wie Painter annimmt, im Sommer 1894 in St. Moritz – einmal von diesem Brief erzählt haben.

Was Painters Chronik des St. Moritzer Highlife betrifft, muß also die Begegnung Montesquious mit Élisabeth de Gramont von 1894 auf das Jahr 1892, die Begegnungen Montesquious mit Proust im Sommer 1893 müssen dagegen in das Reich der Fiktion verschoben werden. Ein dritter Punkt dieser Chronik könnte Anlaß zu Fragen und weiteren Nachforschungen geben, nämlich Montesquious Reise ins Engadin im Sommer 1894. In Prousts Briefen ist davon zwar eindeutig die Rede, doch konnten wir bisher den genauen Aufenthaltsort Montesquious nicht ausmachen. Sein Name fehlt in den Gästelisten des *Allgemeinen Fremdenblatts*, und die Montesquiou-Biographik schweigt sich zu diesem Punkt beharrlich aus.

Im Zusammenhang mit den Erinnerungen von Mme. de Clermont-Tonnerre an die Auslassungen Montesquious über das Engadin und über Balzac darf auf die Erinnerungen einer anderen Dame aus der gehobenen Pariser Gesellschaft hingewiesen werden, in denen von einem weiteren Literaten die Rede ist, der in St. Moritz jungen Mädchen Vorträge über ästhetische Probleme zu halten pflegte. Als Marcel Proust im August 1893 im Hotel Veraguth ankam, logierte in der benachbarten Villa Flugi die Familie Fould. Die damals neunjährige Élisabeth Fould hat sich später an die riesigen, sanften schwarzen Augen des jungen Mannes erinnert, an seinen schwarzglänzenden, stets zerzausten Haarschopf, seine immer gleiche, den Verhältnissen kaum angepaßte Kleidung; auch daran, daß ihr Onkel, Charles Ephrussi, mit dem Proust damals schon bekannt war, den jungen Mann ihrer Mutter empfohlen hatte, daß ihre Mutter Proust trotz seines ungepflegten Äußeren sehr schätzte, ihr anderer Onkel aber, Ignace Ephrussi, ihn verächtlich »le Proustaillon« nannte. Man unternahm gemeinsame Spaziergänge zum Stazersee und durch den Stazerwald nach Pontresina. Proust schaute zu, wie man Steine auf dem Wasser springen ließ, war aber offenbar in Gedanken anderswo. »Ich muß sagen«, schreibt Élisabeth Fould, »daß mich seine Konversation ungemein entzückte. Gleich bei unserer ersten Begegnung erklärte er mir, wenn ich mich recht erinnere, die Beziehung zwischen Klängen und Farben. Ein unerwartetes Gesprächsthema für ein neunjähriges Kind.«[34] Darauf ist im Zusammenhang mit den Texten, an denen Proust damals arbeitete, noch zurückzukommen.

Mehr ist zu ›Proust im Engadin‹, was die eigentlichen Daten betrifft, aus den biographischen Dokumenten (den Archiven, Prousts Briefwechsel, den Erinnerungen seiner Bekannten) und den Berichten der Biographen nicht herauszuholen. Fassen wir zusammen:

Dokumentiert ist ein etwa dreiwöchiger Aufenthalt im Hotel & Pension Veraguth zusammen mit Louis de la Salle, die Bekanntschaft mit den in der Villa Flugi logierenden Familien Fould und Ephrussi, Spaziergänge in der Umgebung von St. Moritz und ein Ausflug am 22. August in die Gegend des Berninapaßes.

Alles Weitere beruht – bis auf eine Ausnahme – auf Vermutungen. Abreise am Montag, 7. August, wahrscheinlich

Paris ab um 20 Uhr 40; Chur an am folgenden Tag um 13 Uhr 15. Übernachtung in Chur vom 8. auf den 9. August (Fremdenlisten sind nicht erhalten). Weiterfahrt mit der Alpenpost durch das Domleschg, die Schynschlucht und über den Julier am 9. August. Chur ab 06.00 Uhr, St. Moritz-Dorf an 19.45 Uhr. Abreise um den 24. August in Richtung Évian mit einem Abstecher auf den Rigi. Und hier die Ausnahme: Urs Isenegger hat die Namen Prousts und de la Salles im *Fremdenblatt für Luzern* vom 26. August entdeckt und daraufhin herausgefunden, daß die beiden vom 25. bis zum 27. August im Hotel Schweizerhof Luzern logierten, und zwar in den bescheidenen, nicht dem See zugewandten Zimmern 92 und 93 in der vierten Etage. Der Eintrag im *Fremdenblatt* beschert uns eine Überraschung. Er lautet: »M. Morell Proust«. Handelt es sich vielleicht um die erste Spur jener Wortspiele, die in *Sodom und Gomorrha* Prousts Vornamen mit jenem eines Scheusals verstricken: Morel? Nein, in der Gästeliste des Hotels steht korrekt »Marcel Proust«. Also ein Übermittlungs- oder ein einfacher Druckfehler. Immerhin hat Marcel Proust im *Fremdenblatt* »Morell Proust« lesen können.

Ohne jene rätselhaften Zusätze im Fremdenbuch der Alphütte am Sassal Masone könnte damit, was die Biographie betrifft, das Kapitel über Proust im Engadin abgeschlossen werden. Doch was verbirgt sich hinter »(A. G.)« und »Dem Vogel, der heut sang«?

2. PROUST 1893

Nachdem Alain Buisine in der Reihe »Une journée particulière« ein Buch über Proust am 27. November 1909 geschrieben hat,[35] wäre es eine verlockende Aufgabe, nicht einen Tag, sondern ein Jahr aus Prousts Leben, beispielsweise 1893, herauszugreifen und umfassend darzustellen. Dies würde jedoch den Rahmen der vorliegenden Studie sprengen. Außerdem ist auch für das Jahr 1893 vieles und Wesentliches in Jean-Yves Tadiés *Marcel Proust* nachzulesen, so daß wir uns darauf beschränken können, einiges in Erinnerung zu rufen und im Zusammenhang mit ›Proust im Engadin‹ einige Punkte zu korrigieren oder nachzutragen.[36]

Freunde

Werfen wir einen Blick auf Marcel Proust zu Beginn des Jahres 1893, so sehen wir einen jungen Mann von einundzwanzig Jahren, der offensichtlich für Literatur, Theater, Malerei und Musik sowie für Gesellschaften und Freundschaften mehr Zeit aufwendet als für das Studium, das er auf Wunsch seiner Eltern ergriffen hat: Jura und Politische Wissenschaften. Seinen Wissensdurst stillt er weniger in den Hörsälen als im Umgang mit Büchern und Menschen, in einigen mondänen Salons, die sich ihm zu öffnen beginnen, und im Kreis seiner stets zahlreichen Freunde. Bezeichnenderweise nennt sich die literarische Zeitschrift, die Proust mit einigen weiteren jungen Literaten zu dieser Zeit herausgibt, *Le Banquet*. Schon damals schreibt Proust neben literarischen und kritischen Versuchen (Porträtskizzen, Prosagedichte oder Novellen, Rezensionen und Chroniken) auch zahlreiche Briefe. So beginnt er das Jahr 1893 mit einem Brief an seinen Freund Robert de Billy, der wenige Tage zuvor ein Volontariat bei der französischen Botschaft in Berlin angetreten hatte. Wie schon im vorangegangenen Sommer, als sich Billy zusammen mit Aubert in St. Moritz und Proust in Trouville aufhielten, führt die Trennung zu allerhand Gedanken- und Wortspielen zum Thema Ferne und Nähe, Trennung und Verbundenheit. Proust schreibt in seinem Neujahrsbrief an Billy: »Ich bin ganz außer mir wegen der Neujahrsformalitäten«, und nun nimmt er sich selbst beim Wort, »so sehen Sie mich in diesem Augenblick als unfaßbaren, ungeladenen Gast Ihres vielleicht einsamen Mahls, als unwirklichen Fremden, der auf Ihrem Bett sitzt, wenn Sie diesen Brief lesen.«[37] Zehn Tage später heißt es dann ganz direkt: »Ich denke jeden Abend an Sie beim Zubettgehen, jeden Morgen beim Aufstehen, ständig, ständig.«[38] Allerdings dient diese Beteuerung von Verbundenheit als Auftakt zu einem Geständnis. Proust hat einen neuen Freund gefunden: Robert de Flers. Bald jedoch wird er von einer anderen Realität, das heißt der Notwendigkeit, sich um seine Examen zu kümmern, eingeholt. Am 26. Januar schreibt er an Billy, der sein Jura-Studium kurz zuvor abgeschlossen hatte: »Geben Sie mir doch, seien Sie so gut, die Liste der vier Examen, die ich machen soll, und der Bücher, die man lesen muß, ich habe sie verloren! Bitte nicht vergessen, mon petit.«[39] Offenbar hat sich dann Proust auch tatsächlich an die Arbeit gemacht, denn es entsteht eine längere Pause in dem Briefwechsel mit Billy. Einige Monate später, im Mai oder Juni, schreibt er in seinem nächsten Brief nach Berlin, er nehme zusammen mit zwei Freunden Privatstun-

11. Proust und Louis de la Salle (stehend, erster von links) bei Mme. Straus in Trouville im Sommer 1892. Zwischen Proust und Mme. Straus Étienne Ganderax.

den in Jura, und offenbar sieht er seinen Examen einigermaßen zuversichtlich entgegen: »Ich werde wahrscheinlich den Monat August (wenn ich die Juraexamen bestehe) in St. Moritz verbringen« (s. S. 25). In demselben Brief berichtet Proust von einer Einladung in seinem Elternhaus, bei der er seine damaligen Freunde versammelte, Louis de la Salle (vgl. Abb. 11), Robert de Flers, Willie Heath, Pierre Lavallée usw. Was diesen Freundeskreis verbindet, ist ein oft etwas schwärmerisches Interesse für Kunst, Musik und Literatur, eine Art auch von laizistischem, ästhetischem Mystizismus. Man begeistert sich für van Dycks junge Edelleute oder Leonardos Johannes den Täufer im Louvre, für gute oder auch für schlechte Musik, für Wagner oder Augusta Holmès, für die *Imitatio Christi* des Thomas a Kempis,[40] und man folgt den Vorträgen des Abbé Vignot, dem Proust auch im privaten Kreis öfters begegnet ist. Es

12. *Edgar Aubert und Robert de Billy.*

ist kein Zufall, daß Proust und seine Literatenfreunde, nachdem *Le Banquet* eingegangen war, bei jener Zeitschrift Aufnahme suchten und fanden, die wie keine andere gerade diese ästhetischen und geistigen Anliegen des Fin de siècle repräsentiert: *La Revue blanche*.

Begegnungen

MONTESQUIOU

Am 13. April 1893 wird Marcel Proust auf einer Soiree bei der Malerin Madeleine Lemaire dem Grafen Robert de Montesquiou vorgestellt. Der als Salonlöwe und Einrichtungskünstler bekannte Graf war eben daran, sich auch als Literat zu profilieren. Sein erster Gedichtband, *Les Chauves-souris*, war vor kurzem erschienen, und an der besagten Soiree bei Madeleine Lemaire hat die Schauspielerin

Julia Bartet einige Gedichte daraus rezitiert. Proust zeigte sich begeistert, doch galt sein Interesse wohl von Anfang an weniger den Gedichten Montesquious als seiner Person wie auch den Personen, mit denen der dichtende Graf verkehrte, seinen Künstlerfreunden und besonders den sagenumwobenen großen Damen des Faubourg Saint-Germain. »Seien Sie versichert«, schreibt Proust, nachdem Montesquiou ihm eine Luxusausgabe seiner *Chauves-souris* zugesandt hat, »daß es [das wertvolle Geschenk] ein unvergängliches Bukett bleiben wird, eine sichere – selbst bliebe es die einzige – Quelle von Weihrauch für meine Erinnerungen, eine glorreiche Trophäe, für die ich Ihnen von ganzem Herzen danke.«[41] Dasselbe beweihräuchernde Register zieht er beim Lobgesang auf die Gedichte des noch unpublizierten Bandes *Le Chef des odeurs suaves*, den Montesquiou ihm im Juni zugeschickt hat: »Ihre Gedichte sind jener geheimnisvolle Honig, dessen Strahlen sanft wie jene des Himmels sind.«[42] Doch sein eigentliches Anliegen ist, eine Photographie des Grafen (vgl. Abb. 13) zu erhalten und dessen Freundinnen aus der großen Welt vorgestellt zu werden. Im Postskriptum desselben Briefes heißt es, nun sehr prosaisch: »Ich warte mit Ungeduld auf Ihre Photographie.« Offenbar hat ihn der Graf wissen lassen, eine Photographie »sende man nicht per Post«, denn drei Tage später kommt Proust am 28. Juni auf das Thema zurück:

Da »man eine Photographie nicht per Post schickt« und ich Sie ja erst zu Ostern oder allerfrühestens zu Neujahr wieder besuchen darf; und da zwei Ihrer Freundinnen, Mme. Lemaire und die Fürstin von Wagram, mich in dieser Woche mit einer Einladung beehren, möchten Sie vielleicht so gut sein, mir diese versprochene, doch unerreichbare Photographie Donnerstag oder Freitag in die

13. »Beim Schreiben habe ich eine Photographie von Monsieur de Montesquiou vor mir, die die vollkommene Schönheit, den nachdenklichen Adel seines Gesichts bewahrt [...]. Darunter hat der Dichter jenen Vers geschrieben, mit dem ein Gedicht der Chauves-souris beginnt: Je suis le souverain des choses transitoires.« (Marcel Proust, »Robert de Montesquiou: Der Souverän der vergänglichen Dinge«, in: Essays)

14. Montesquiou (vorne links) im Engadin. Am Rand des Photos steht von der Hand Montesquious: »engadiniaisement« (engadümmlich).

Rue Monceau oder die Avenue de L'Alma mitzubringen. Ich werde Sie auch darum bitten (wenn sie beim einen oder anderen dieser Anlässe zugegen sein werden), mir einige der Freundinnen zu zeigen, in deren Gesellschaft man Sie meistens erwähnt (die Gräfin Greffulhe, die Fürstin von Léon).[43]

In der Rue Monceau befand sich das Haus Madeleine Lemaires,[44] in der Avenue de l'Alma jenes der Fürstin von Wagram.

GREFFULHE

Auf der Soiree bei der Fürstin von Wagram fand denn auch am 1. Juli das zweite Ereignis statt, das es im Zusammenhang mit Prousts Aufenthalt im Engadin oder allgemeiner mit ›Proust 1893‹ festzuhalten gilt, nämlich die erste Begegnung mit der Gräfin Greffulhe (vgl. Abb. 15). »Cher Monsieur«, schreibt Proust tags darauf (am Sonntag, 2. Juli) an Montesquiou:

> Endlich habe ich (gestern bei Mme. de Wagram) die Gräfin Greffulhe gesehen. Und dasselbe Gefühl, das mich bei der Lektüre der *Chauves-souris* dazu trieb, Ihnen meine Ergriffenheit mitzuteilen, bestimmt Sie zum Vertrauten meiner gestrigen Ergriffenheit. Sie trug eine Frisur von polynesischer Anmut, und malvenfarbene Orchideen fielen ihr bis zum Nacken wie die »Blumenhüte«, von denen Renan spricht. Sie ist schwer zu beurteilen, wahrscheinlich weil beurteilen vergleichen heißt und kein Teil in ihr auszumachen ist, den man bei einer anderen oder sogar *irgendwo sonst* hat sehen können. Doch das ganze Mysterium ihrer Schönheit liegt im

Glanz, besonders im Geheimnis ihrer Augen. Nie habe ich eine so schöne Frau gesehen. Ich habe nicht darum gebeten, ihr vorgestellt zu werden und werde es auch Ihnen gegenüber nicht tun, denn außer der Aufdringlichkeit, die darin liegen könnte, würde ich, wie mir scheint, wenn ich mit ihr sprechen müßte, eine eher schmerzhafte Erregung empfinden. Es wäre mir aber lieb, sie würde von dem großen Eindruck hören, den sie auf mich gemacht hat, und da Sie sie, wie ich glaube, sehr häufig sehen, könnten Sie ihr doch davon erzählen? Ich hoffe, Ihnen als Bewunderer derjenigen, die Sie über alles bewundern, weniger zu mißfallen, und ich werde sie von nun an nach Ihnen, gemäß Ihnen und, wie Malebranche sagte, »in Ihnen« bewundern.
Ihr respektvoller Bewunderer
Marcel Proust.[45]

Schon fünf Tage später, im Postskriptum eines Briefes vom 7. Juli (einem weiteren hochpoetischen Lobgesang auf *Les Chauves-souris*), doppelt er (wiederum sehr prosaisch) nach: »Haben Sie meine Bestellung an Mme. Greffulhe ausgerichtet?«[46]

Die schmeichlerischen Bemühungen um Montesquiou und die schwärmerische Verehrung für dessen Cousine, die Gräfin Greffulhe, sind zweifelsohne Ausdrucksformen von Prousts Snobismus. Die Vorstellung von gesellschaftlichem Rang scheint auf Proust eine durchaus reale Faszination ausgeübt zu haben, und die Ahnenreihe Montesquious oder die Besucherlisten der Empfänge bei der Gräfin Greffulhe haben sicherlich ihre Wirkung getan. Prousts Interesse an der gehobenen Gesellschaft steht aber auch mit seinem literarischen Schaffen in Verbindung. Die große Welt wird zum Schauplatz des Werks; die darin vertane Zeit, »le

15. Die Gräfin Greffulhe. »Nie habe ich eine so schöne Frau gesehen.« (Marcel Proust an Robert de Montesquiou)

temps perdu«, zu dessen Thema. Außerdem muß man in Betracht ziehen, daß die beiden von Proust erwählten Idole in ihrer Welt gerade jene ästhetischen Ideen und Ideale vertraten, für die sich auch der junge Literat begeisterte. Montesquiou und die Gräfin Greffulhe verkörpern nicht nur gesellschaftlichen Rang, sondern auch mondänes Dilettanten- und Mäzenatentum; in ihrer Sphäre sind sie die Leitfiguren des avantgardistischen Pariser Fin de siècle. Das läßt sich am Beispiel Wagners illustrieren.

Montesquiou ist 1886 ein erstes Mal nach Bayreuth gepilgert. In *Les Chauves-souris* kreisen denn auch mehrere Gedichte um Wagner, um Bayreuth und die Lustschlösser in Bayreuths Umgebung.[47] Als Mentor seiner um fünf Jahre jüngeren Cousine hat Montesquiou sich darum bemüht, die Gräfin Greffulhe in die Wagnerschen Mysterien einzuweihen. Um sie zu einer Reise nach Bayreuth zu überreden, schreibt er ihr um 1890:

> Was Ihre musikalische Mekkafahrt betrifft, sage ich nicht: ich stimme ihr zu; ich möchte sie Ihnen vorschreiben können. Warum so lange warten und seufzen und im Limbus äußerer Dunkelheiten herumtasten, wenn mehrere gesehen und gehört haben, was an Himmel für uns hienieden greifbar ist.[48]

Ein Jahr danach, im Juli 1891, hat dann die Gräfin Bayreuth erstmals besucht. »Mon cher petit«, schreibt sie an den Grafen Greffulhe, der sich um Bayreuth und Wagner ebensowenig kümmerte wie um seine Frau, »obwohl ich völlig erschöpft bin, will ich mich nicht schlafen legen, ohne Ihnen diesen Brief zu schreiben. Nichts kann Ihnen eine Idee davon vermitteln, was man hier erlebt. Ich glaube, es ist der größte Kunsteindruck, den man empfinden kann.«[49] Wagner stand auch auf den Prospekten und Programmen der »Société des grandes auditions musicales«, deren Präsidentin die Gräfin war. Sie hatte diese Vereinigung, die sich vorgenommen hatte, alte und neue, besonders aber neue französische Musik zu Gehör zu bringen,[50] unter Mitwirkung zahlreicher musikalischer und gesellschaftlicher Prominenz 1890 ins Leben gerufen. Die erste Pioniertat der Société des grandes auditions musicales

1. *Farbplakat zur Pariser Erstaufführung der* Walküre.

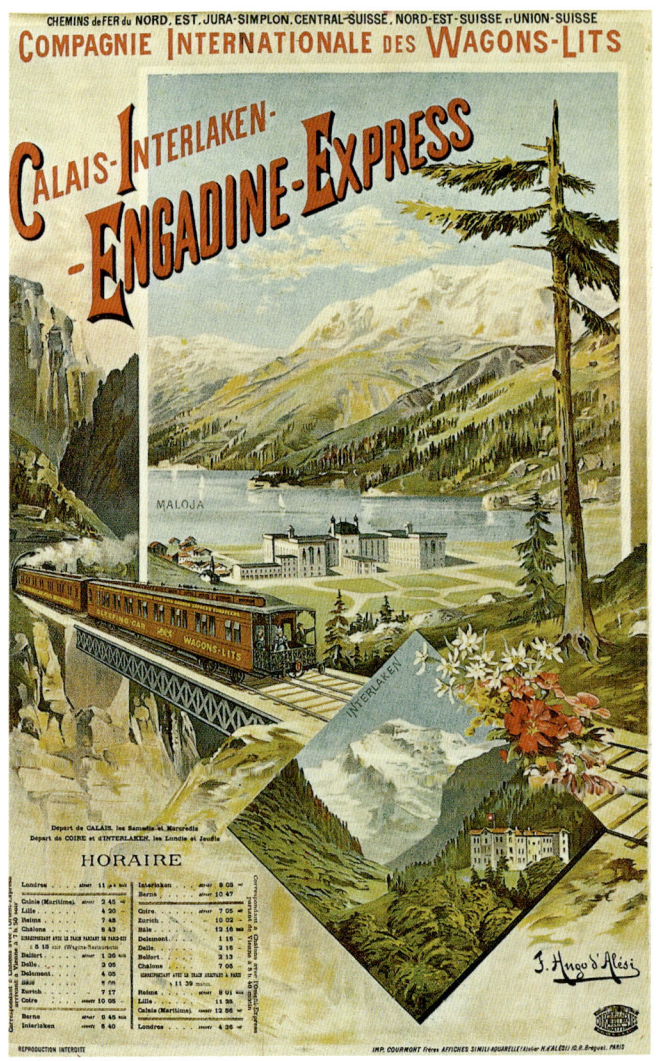

II. Plakat von Hugo d'Alésy um 1895.

III. Plakat von Hugo d'Alésy um 1895.
Während auf dem Plakat für den Calais–Interlaken–Engadine-Express die einzelnen Elemente der Bildkomposition deutlich als Versatzstücke zu erkennen sind, täuscht d'Alésy hier eine authentische Engadiner Landschaft vor. Die Straßenkurve am linken Bildrand würde man »hier«, das heißt irgendwo im Stazerwald zwischen St. Moritz und Pontresina, allerdings vergeblich suchen.

IV. Kolorierte Postkarte des Hotels Belvédère.

V. Schönfärberische Ansicht des Neuen Posthotels.
Unterhalb der Straße das (im Bild) stark zurückversetzte
Château; dahinter das Hotel Schweizerhof.

VI. »Abends vervielfachte sich in der Tiefe der hintereinanderliegenden Ebenen die Sanftheit der Lichttöne.«
(Marcel Proust, »Leibhaftige Gegenwart«)

VII. Giovanni Giacometti, *Silsersee (1900)*.
Aquarellentwurf für eine Postkarte.

VIII. Giovanni Segantini, *Die bösen Mütter (1896–1897)*, *Kunsthaus Zürich*.

war eine Aufführung der Oper *Béatrice et Bénédict* von Hector Berlioz, einem Komponisten, der damals in Frankreich weniger bekannt war als in Deutschland. Schon 1893 wurde *Tristan et Isolde* angesagt. Allerdings konnte das Wagner-Projekt erst 1899 verwirklicht werden. Es ist aber gewiß auch den wagnerfreundlichen Stimmen in der hohen Gesellschaft zu verdanken, daß die Académie nationale de musique (heute Opéra Garnier) 1893 *La Valkyrie* auf das Programm setzte und mit großem Erfolg spielte. Die Premiere fand am 12. Mai statt (vgl. Abb. I). Wann und wie oft Proust die *Walküre* gesehen hat, ist nicht auszumachen. Im Juli schreibt er an Pierre Lavallé:

> Ich arbeite viel und gehe manchmal aus, aber hauptsächlich in die *Walküre*.[51]

Das Werk wurde im Verlauf des Jahres fünfundvierzigmal gespielt. Daneben standen auch *Lohengrin* (23 Aufführungen) und *L'Or du Rhin* (3 Aufführungen) sowie zwei Werke französischer Wagnerianer auf dem Programm der Opéra: eine Wiederaufnahme der äußerst erfolgreichen Oper *Sigurd* von Ernest Reyer und die Pariser Erstaufführung von Emmanuel Chabriers *Gwendoline*. In den *Annales du théâtre et de la musique* von Édouard Noël und Edmond Stoullig steht als Schlußbemerkung zum Opernjahr 1893: »Die Aufführung des Werks von M. Emmanuel Chabrier war für die Opéra ein würdiger Abschluß des Jahres 1893 – das Jahr der *Walküre*!«[52]

Von Le Banquet *zu* La Revue blanche

Prousts Beiträge zu *Le Banquet* kreisen meist in irgendeiner Form um das Thema Mondanität. Sie reflektieren das Leben in jener Gesellschaft, in die einzutreten sich der junge Literat damals anschickte. Meist unter dem Titel »Études« skizzieren sie das Porträt einer Salondame, analysieren die Psychologie des Snobismus oder warnen vor den Verlockungen der großen Welt. Nirgends wird die Gefahr, die mondänes »divertissement« (um mit Pascal zu reden) für Seele und Geist bedeutet, eindringlicher heraufbeschworen als in der Erzählung »Violante ou la mondanité«, mit der im Februar 1893 Prousts Mitarbeit an *Le Banquet* zu Ende geht.

Es vergehen mehrere Monate, bis Proust mit neun weiteren »Études« wieder an die Öffentlichkeit tritt. Jean-Yves Tadié hat sehr schön gezeigt, wie die in der Juli/August-Nummer der *Revue blanche* erschienenen »Studien« mehrere Themen erstmals anschlagen, die Prousts späteres Werk prägen werden.[53] Während die frühen, in *Le Banquet* erschienenen Texte an die Tradition der Moralistik anknüpfen, weisen jene des Jahres 1893 auch auf Prousts Beschäftigung mit psychologischer Literatur, mit Alfred Binets *Études de psychologie expérimentale: le fétichisme dans l'amour* (1888) und *Les Altérations de la personnalité* (1892) sowie Pierre Janets *L'Automatisme psychologique* (1889). Zu der mondänen Thematik treten nun Betrachtungen über das Gefühlsleben, über die Liebe, über den Versuch, Gefühle in einem Fetisch zu fixieren, über das Vergessen vergangener Gefühle oder auch über die Vergänglichkeit literarischer und künstlerischer Modeströmungen; außerdem treten nun zu der aphorismenhaften Skizze und der Erzählung das Prosagedicht und der Pastiche. Die dritte von Prousts in der *Revue blanche* erschienenen Studien, das Prosastück »Éventail«, dient uns als erstes Beispiel für sein Schaffen im Sommer 1893.

FÄCHER

Madame, ich habe für Sie diesen Fächer bemalt.
Möge er Ihnen in Ihrer Zurückgezogenheit, wann immer Sie es wünschen, die eitlen und bezaubernden Gestalten in Erinnerung rufen, die Ihren damals an reizvollem Leben so reichen und jetzt für immer geschlossenen Salon bevölkert haben.
Die wie große blasse Blumen erblühten Kronleuchter werfen ihr Licht auf Kunstgegenstände aus allen Zeiten und Ländern. Ich dachte an den Geist unserer Zeit, als ich mit meinem Pinsel die neugierigen Blicke dieser Kronleuchter auf Ihren vielfältigen Nippsachen herumwandern ließ. Wie sie hat er die Ausdrucksformen des Denkens und des Lebens durch alle Zeitalter der Welt hindurch betrachtet. Er hat den Kreis seiner Ausflüge maßlos erweitert. Zum Vergnügen und aus Langeweile hat er sie abgewandelt wie Spaziergänge, und jetzt, da er daran zweifelt, wenn schon nicht das Ziel, so doch den richtigen Weg zu finden, da er seine Kräfte schwächer werden und seinen Mut ihn verlassen spürt, legt er sich zu Boden mit dem Gesicht zur Erde, um nichts mehr zu sehen, wie ein stumpfsinniges Wesen. Und doch habe ich sie mit Zärtlichkeit gemalt, die Strahlen Ihrer Kronleuchter; so viele Dinge und so viele Wesen haben sie mit liebevoller Melancholie liebkost, und jetzt sind sie für immer erloschen. Trotz der geringen Ausmaße des Rahmens werden Sie vielleicht die Personen im Vordergrund erkennen und sehen, daß der unparteiische Maler sie alle

zu gleicher Geltung gebracht hat, wie Ihre Sympathie die adligen Herren, die schönen Frauen und die großen Begabungen gleichstellt. Eine kühne Versöhnung sozial gesehen, unzureichend aber und ungerecht intellektuell gesehen, doch machte sie Ihre Gesellschaft zu einer kleinen Welt, weniger geteilt als die andere und harmonischer, die jedoch voller Leben war und die man nie mehr sehen wird. So möchte ich denn nicht, daß mein Fächer einem Gleichgültigen vor Augen käme, der in Salons wie dem Ihren nicht verkehrt hätte und der sich darüber wundern würde zu sehen, wie die »Höflichkeit« Herzöge ohne Dünkel und Romanciers ohne Anmaßung zusammenführt. Vielleicht aber würde er, jener Fremde, auch die Mängel dieser Annäherung nicht verstehen, die, zu weit getrieben, bald nur noch einen Austausch erleichtert: den von Lächerlichkeiten. Ohne Zweifel würde er pessimistischen Realismus in dem Schauspiel erblicken, das zur Rechten ein Fauteuil ergibt, wo ein großer Schriftsteller einem adligen Herren zuhört, der in einem Buch blättert, sich lautstark über ein Gedicht auszulassen scheint und der, dem Ausdruck seines Blicks nach zu schließen, falls ich ihn albern genug habe darstellen können, nichts begreift.

Neben dem Kamin werden Sie C. erkennen.

Er hebt den Stöpsel eines Flakons und erklärt seiner Nachbarin, er habe darin die heftigsten und ungewöhnlichsten Parfums konzentrieren lassen.

B., verzweifelt, ihn nicht überbieten zu können, und mit der Idee, der Mode am sichersten voraus zu sein, wenn er sich mit Eklat unmodisch gibt, riecht an einem billigen Veilchenstrauß und betrachtet C. mit Verachtung. Und Sie selbst, sind Sie nie auf so künstlichem Wege zurück zur Natur gegangen?

Gerne hätte ich, wenn diese Details nicht allzu winzig

gewesen wären, um wahrnehmbar zu bleiben, in einem verborgenen Winkel Ihrer damaligen Musikbibliothek Ihre zum alten Eisen geworfenen Wagneropern sowie Ihre Symphonien von Franck und d'Indy dargestellt und auf Ihrem Flügel einige noch aufgeschlagene Stücke von Haydn, Händel oder Palestrina.
Ich bin nicht davor zurückgeschreckt, Sie auf dem rosafarbenen Kanapee darzustellen. T. sitzt dort neben Ihnen. Er beschreibt Ihnen sein neues Zimmer, das, kunstvoll geteert, ihm die Eindrücke einer Seereise suggerieren soll, und enthüllt Ihnen die Quintessenz seiner Kleidung und seiner Einrichtung.
Ihr verächtliches Lächeln beweist, daß Sie wenig halten von dieser schwächlichen Einbildungskraft, der ein leeres Zimmer nicht genügt, um alle Visionen der Welt vorbeiziehen zu lassen, und die sich von Kunst und Schönheit einen so erbärmlich materiellen Begriff macht.
Ihre herrlichsten Freundinnen sind da. Würden sie es mir verzeihen, falls Sie ihnen den Fächer zeigten? Ich weiß es nicht. Jene ungewöhnlichste Schönheit, die sich vor unseren hingerissenen Augen wie ein lebendiger Whistler abzeichnete, hätte sich nur porträtiert von Bouguereau oder Toulmouche erkannt und bewundert. Die Frauen verwirklichen die Schönheit, ohne sie zu verstehen.
Sie werden vielleicht sagen: Wir lieben ganz einfach eine Schönheit, die nicht die Ihre ist. Warum sollte sie in geringerem Maße Schönheit sein als die Ihre?
Lassen Sie mich dazu immerhin folgendes sagen: Wie wenige Frauen verstehen doch die Ästhetik, der sie angehören.
Es gibt Botticelli-Madonnen, die ohne die Mode diesen Maler ungeschickt und kunstlos finden würden. So aber wäre das Ketzerei, ja Blasphemie: und so sieht man im Drama Kinder, die ihre Väter verleugnen.

Nehmen Sie diesen Fächer mit Nachsicht entgegen. Wenn irgendeiner der Schatten, die sich darauf niedergelassen haben, nachdem sie in meiner Erinnerung herumgeflattert waren, Sie einst zum Weinen gebracht hat, betrachten Sie ihn ohne Bitterkeit und bedenken Sie, daß es ein Schatten ist und daß Sie ihn nie mehr sehen werden.
Ich habe sie, diese Schatten, ganz unschuldig auf dieses zarte Papier gesetzt, dem die Bewegung Ihrer Hand Flügel verleihen wird, denn sie sind, um Böses tun zu können, zu unwirklich und zu unbedeutend ...
In nicht höherem Maße vielleicht als zur Zeit, als Sie sie einluden, bei Ihnen während einiger Stunden dem Tod vorzugreifen und das eitle Leben der Gespenster zu leben, in der künstlichen Freude Ihres Salons, unter den wie große blasse Blumen erblühten Kronleuchtern.[54]

Wie die Kunstobjekte und Nippsachen in dem dargestellten Salon ist »Éventail« eine Art von Bibelot, ein kunstvoll gefertigter Gegenstand, der einst Marcel Prousts Sammlung literarischer Kunstobjekte und Nippsachen, nämlich *Les Plaisirs et les Jours* zieren wird. »Éventail« ist auch eine Art Mikrokosmos des ästhetizistischen Fin de siècle: Sammlerleidenschaft, Raffinement und gespielte Einfachheit, Japonismus und Wagnerismus, moderne und traditionell-akademische Porträtkunst (Whistler und Bouguereau), Vorliebe für Botticelli ... Schließlich ist »Éventail« eine Art von Gesamtkunstwerk en miniature.[55] In diesem bildet das Wort das primäre, eigentliche Medium, das Bild das sekundäre, imaginierte Medium des Dichters, während die Musik der dargestellten beziehungsweise erzählten Wirklichkeit angehört. Sie liegt – in Form von aufgeschlagenen Partituren – im eigentlichen Zentrum des Bildtextes oder Textbildes. Das hat auch biographische Gründe:

In einem Telegramm vom 5. Juli 1893 bittet Proust den Grafen Henri de Saussine, diesem eine seiner demnächst in der *Revue blanche* erscheinenden Studien widmen zu dürfen: »Könnten Sie mir bitte sehr schnell sagen – ich muß nämlich die Druckfahnen zurückschicken –, ob Sie die Widmung einer der kleinen Studien annehmen würden, die in der nächsten Nummer der *Revue blanche* erscheinen werden.«[56] Tatsächlich ist in der Originalausgabe »Éventail« dem Grafen Saussine gewidmet: »À M. le comte du Pont de Ault-Saussine«. Nach Robert de Montesquiou treffen wir mit Henri de Saussine auf einen weiteren adligen Dilettanten, den Proust in der ersten Hälfte des Jahres 1893 kennengelernt hat. Bei Saussine, der sich als Komponist, Musikkritiker und Romancier betätigte, kam Proust in näheren Kontakt mit den französischen Wagnerianern, und im Salon Saussine, auf den »Fächer« offensichtlich Bezug nimmt, könnten sich Szenen zugetragen haben, wie sie in Prousts Prosastück dargestellt und erzählt werden. Wenn der Dichtermaler jedoch feststellt, Wagner, Franck und d'Indy seien zum alten Eisen geworfen, und es zählen nur Haydn, Händel und Palestrina, so geht es ihm nicht um die genaue Abbildung einer realen Situation, sondern darum, zu zeigen, daß auch in künstlerischen Dingen der Geschmack ständigen Veränderungen unterworfen ist. Historisch gesehen, verhält es sich vielmehr so, daß gerade in den fortschrittlichen Musikkreisen gegen Ende des Jahrhunderts neben der Wagnerbegeisterung das Interesse für alte Musik wiedererwacht war. Einer der Begründer der 1896 ins Leben gerufenen Pariser Schola Cantorum war der Wagnerianer Vincent d'Indy. So lagen wohl auch im Salon Saussine die Wagnerpartituren nicht in einem verborgenen Winkel der Bibliothek, sondern aufgeschlagen auf dem Flügel, möglicherweise neben Haydn, Händel und Palestrina.[57] Jedenfalls wählt Proust, als er es Ende Juli unternimmt, für den neuesten Roman Saussines, *Le Nez de Cléopâtre*, einen Anzeigetext zu schreiben, Wagner zum Bezugspunkt:

> Der Leser wird selbst erkennen, wie durch die Zusammengehörigkeit aller Künste, bei einem gewissen Grad von Erhabenheit, die Wagnerschen »Leitmotive« hier sozusagen auf die Schrift übertragen sind, zum Beispiel wenn sie in der Schilderung von Bassompierres Vorfahren auf gleichzeitig tief philosophische und seltsam poetische Weise die Gegenwart mit der sie hypnotisch lenkenden Vergangenheit verbinden. Um all dies an so reicher und neuer Kunst zu verstehen, um sich an der bewegenden Lektion so moderner Philosophie zu erbauen, die das Buch beschließt und seine Tragweite herausstellt, machen Sie sich die tiefe, seltene, neue und edle Freude, *Le Nez de Cléopâtre* zu lesen.[58]

Zusammengehörigkeit der Künste, Wagnersche Leitmotive, eine gleichzeitig tief philosophische und seltsam poetische Literatur ... offensichtlich spricht Proust hier nicht nur von Saussines Roman, er formuliert auch ein literarisches Programm: sein eigenes und jenes der *Revue blanche*, in der er fortan publizieren wird.

Neben dem Bezug auf Wagner, die französischen Wagnerianer und die Pariser Wagnerbegeisterung in diesem »Jahr der *Walküre*« weist Prousts poetisch bemalter Fächer auf ein weiteres Ereignis, das wir aus dem Jahr 1893 herausgegriffen haben, nämlich die Begegnung mit dem Grafen Robert de Montesquiou.[59]

Als Proust Montesquiou vorgestellt wurde, war dieser nicht als Dichter, sondern als Einrichtungskünstler, Kunstsammler und Bibeloteur bekannt. Man wußte, daß die exzentrische Behausung von des Esseintes, dem Protagonisten in Huysmans' Roman *À rebours*, der Wohnung Montesquious nachgebildet war. Allerdings kannte Huysmans diese nicht aus eigener Anschauung, sondern lediglich vom Hörensagen. Mallarmé hat ihm nämlich Montesquious ästhetizistische Mustereinrichtung genau geschildert, nachdem er den damals achtundzwanzigjährigen Grafen in seiner Dachwohnung im elterlichen Haus am Quai d'Orsay besucht hatte. So erstaunt es nicht, daß sich Proust offenbar sogleich darum bemüht hat, Montesquiou, der nun in der Rue Franklin wohnte, besuchen zu dürfen. In einem Brief vom 15. April bittet er ihn, ihm einen Termin anzugeben, und kurz darauf hat der Besuch bei Montesquiou auch stattgefunden. Man darf aber annehmen, daß Kunstgegenstände aus allen Zeiten und Ländern sowie eine Vielfalt an Nippsachen auch im Salon Saussine zu bewundern waren, sie brauchen also nicht unbedingt ein Montesquiou-Signal zu sein. Mit dem Veilchenstrauß, den B. zur Schau trägt, weist Proust dann allerdings sehr deutlich auf den exzentrischen Grafen und mit dem kunstvoll geteerten Zimmer von T. ebenso deutlich auf den exzentrischen Protagonisten von *À rebours*.

»LA SIMPLICITÉ DE M. DE MONTESQUIOU«

Der Gegensatz zwischen Raffinement und Schlichtheit, wie er auf dem bemalten Fächer in Szene gesetzt ist, liegt auch einer kritischen Studie zugrunde, die Proust zu jenem Zeitpunkt, das heißt im Juli 1893, in Angriff genommen hat.[60] Kurz nachdem er von Montesquiou den noch unveröffentlichten Band *Le Chef des odeurs suaves* erhalten hatte, entwarf er einen Artikel, in dem er die gängige Vorstellung von Montesquiou als einem Repräsentanten der Dekadenz zu korrigieren versuchte. Was in Prousts Augen Montesquiou und seine Dichtung auszeichnet, ist nicht dekadente Schlaffheit, moderne Verschwommenheit, sondern cornelianische Willenskraft, klassische Einfachheit und Klarheit. Unter dem Titel »La Simplicité de M. de Montesquiou« hat Proust später, gegen Ende des Jahres, seinen Artikel der *Revue blanche* und der *Revue de Paris* angeboten, doch war offenbar keiner der Redakteure gewillt, den als mondänen Dandy verschrienen Montesquiou als Dichter wirklich so ernst zu nehmen, wie es sein junger Verehrer tat.

»L'INDIFFÉRENT«

»Je travaille beaucoup«, schreibt Proust im Juli an Pierre Lavallé. Möglicherweise bezieht sich diese Äußerung auch auf seine Examensvorbereitungen; sicher aber hat sich Proust auch nach der Fertigstellung und Korrektur der ersten neun Studien für die *Revue blanche* weiterhin intensiv mit seinen literarischen Projekten befaßt. Wie einige Monate zuvor, als er nach einer Reihe von »Études« zur Mondanität eine Erzählung zu demselben Thema schrieb, behandelt er nun die Themen der für die *Revue blanche* geschriebenen Studien im Rahmen einer Novelle, »L'Indifférent«, die er ursprünglich gewiß in derselben Zeitschrift publizieren wollte. Sie ist jedoch erst 1896, in *La Vie contemporaine*, erschienen.[61] In »L'Indifférent« erzählt Proust, wie eine Liebe heimlich aufkeimt, sich tyrannisch fixiert und schließlich entschwindet; es geht um Entstehen und Vergehen von Gefühlen, um Spielarten und Abarten der Liebe, um die Tiefen der menschlichen Seele und die Geheimnisse des sozialen Verhaltens. Madeleine de Gouvres, »die verwöhnteste Frau von Paris«, entdeckt während eines Abends in der Opéra, daß sie für Monsieur Lepré eine gewisse Sympathie empfindet. Als sie erfährt, Lepré stehe im Begriff, eine längere Reise anzutreten, verwandelt sich die Sympathie in drängende Liebe. Sie verzehrt sich in Sehnsucht, fixiert ihre Gefühle auf die Photographie eines Lepré ähnlichen Porträts, umarmt seinen Pudel, dem sie auf einem Spaziergang begegnet, und versucht mit allen Mitteln dem Geliebten näherzukommen, auch nachdem sie erfahren hat, Lepré liebe nur die »gemeinen Frauen, die man in der Gosse aufliest«. Tatsächlich antwortet Lepré auf alle Annäherungsversuche mit höflicher Zurückweisung. Dann stellt Mme. de Gouvres ihre Versuche ein, schließlich hört sie auf, an Lepré zu denken.

Betrachten wir das Porträt der Protagonistin:

Ohne ein Schmuckstück, das Mieder aus gelbem Tüll mit Cattleyablüten übersät, auch in das schwarze Haar hatte sie einige Cattleyablüten gesteckt, die über diesem Schattenrund bleiche Lichtgirlanden in der Schwebe hielten. Frisch wie ihre Blumen und wie sie nachdenklich, erinnerte sie mit dem polynesischen Liebreiz ihrer Frisur an die Mahenu von Pierre Loti und Reynaldo Hahn.[62]

Im Kontext des Jahres 1893 ist der Name Reynaldo Hahns ein Fremdkörper. Es handelt sich denn auch um einen späteren Zusatz aus der Zeit, als Proust erfuhr, sein Freund arbeite an einer Vertonung – unter dem Titel *L'Ile du rêve, idylle polynésienne* – von Pierre Lotis Roman *Le Mariage de Loti*. Für ›normale‹ Proustleser sind die Cattleyablüten im Mieder Madeleine de Gouvres' eine durchaus reizvolle Vorwegnahme von Odettes Cattleyablüten in »Un Amour de Swann«; für jenen Proust-Leser aber, der sich nur für ›Proust 1893‹ interessiert, sind sie ein ebenso reizvolles Echo auf jene Soiree bei der Fürstin von Wagram, auf der

Proust der »verwöhntesten Frau« des realen Paris erstmals begegnete. Den »polynesischen Liebreiz der Frisur« der Gräfin Greffulhe hat Proust auf die Protagonistin seiner Erzählung übertragen.

»MÉLANCOLIQUE VILLÉGIATURE DE MME DE BREYVES«

»Je travaille beaucoup«, schreibt also Proust im Juli an Pierre Lavallé, und er fügt hinzu: »et je sors un peu mais surtout pour aller à la *Walkyrie*.« Die direkte Begegnung mit Wagner hat Prousts Arbeit wesentliche Impulse gegeben. Unter dem Eindruck der *Walküre* hat er »L'Indifférent« in der Schublade verschwinden lassen und eine Erzählung in Angriff genommen, die zahlreiche Elemente daraus wiederaufnimmt, gleichzeitig aber als eigentliches Exerzitium im musikalischen Schreiben betrachtet werden darf: »Mélancolique Villégiature de Mme de Breyves«, erschienen in der September-Nummer der *Revue blanche*.

Auch wer die *Recherche* nur in Auszügen gelesen hat, kennt neben der obligaten Madeleine-Episode jene Passagen aus »Un Amour de Swann«, in denen sich Swanns Liebe zu Odette in einem Motiv aus Vinteuils Geigensonate verkörpert. Die »petite phrase« Vinteuils wird für Swann zu einer Art von Fetisch, für Proust und seinen Leser aber zu einem Thema, das den Romantext gleich einem Wagnerschen Leitmotiv durchzieht. Während sich im Roman Wagner hinter dem fiktiven Komponisten Vinteuil verbirgt, wird er in der frühen Erzählung ausdrücklich erwähnt. Als Erinnerungszeichen und Leitmotiv für das geliebte Wesen figuriert in »Mélancolique Villégiature« ein Motiv aus den *Meistersingern*. Musikalisches Schreiben bedeutet jedoch für Proust mehr als die bloße Verwendung von musikalischen Motiven im literarischen Text; für ihn wird der Text selbst zur musikalischen Komposition.[63]

Unter Wiederaufnahme der bei den Neuplatonikern der Renaissance und in der Tradition der Madrigalistik geläufigen Verbindung von Melancholie und Gesang gibt Proust die Musik bereits im Anlaut des Titels in Form des griechischen *melos* (Gesang) zu erkennen. Gleichzeitig macht er das Wort »mélancolique« mit seinen stimmhaften Liquida und der Wiederholung des L-Lautes zum Ausgangspunkt einer lautlichen Entwicklung, die deutlich der Idee des Leitmotivs verpflichtet ist.

Auf der Ebene der Handlung erkennt man eine Variation der Geschichte von Madeleine de Gouvres' Liebe zu Lepré: Eine junge Witwe, Françoise de Breyves, macht auf einer Abendgesellschaft einem ihr unbekannten Mann, Monsieur de Laléande (man beachte das Leitmotiv der doppelten L-Lautung!), ohne näheren Grund schöne Augen; beim Verlassen des Hauses stößt sie dieser mit dem Ellbogen leicht an und fordert sie sehr eindeutig zu einem Rendezvous auf: »Venez chez moi, 5, rue Royale.« Sie folgt der Einladung nicht, bittet aber bei anderer Gelegenheit ihre Freundin, Geneviève de Buivres, ihr Monsieur de Laléande vorzustellen. Da dies aus purem Zufall nicht gelingt, versucht sie nun plötzlich mit allen Mitteln, mit Laléande in Kontakt zu treten. Unter dem Vorwand, sie würde gern einmal Laléande, der Amateurmusiker ist, Cello spielen hören, schlägt sie einem gemeinsamen Bekannten vor, eine Begegnung zu arrangieren. (Abgesehen von dem durchaus offensichtlichen erotischen Aspekt des Cellospiels verbirgt sich auf der Ebene der Wortsymbolik im Violoncello Laléandes auch der Wunsch der Protagonistin, Normen zu durchbrechen: »violer« heißt sowohl »durchbrechen« als auch »vergewaltigen«. Auf der Ebene der Textkomposition aber nimmt »violoncelle« ein weiteres Mal die doppelte L-Lautung auf.) Da erfährt sie, daß Monsieur de Laléande für mehrere Monate nach Biarritz verreist ist. An ihrer Betroffenheit erkennt sie, daß sie ihn liebt, und von nun an lebt sie nur noch für ihre Liebe. Sie reist in die Sommerfrische nach Trouville, umgibt sich mit Objekten und Gedanken, die ihr den Geliebten vergegenwärtigen, und verzehrt sich in Sehnsucht:

> Ach! wie gern hätte sie ihn hier gehabt, bei sich, voller Liebe, hätte sie ihm wie Sieglinde sagen wollen: »O fänd' ich ihn heut' / und hier, den Freund; / käm er aus Fremden / zur ärmsten Frau: / was je ich gelitten / in grimmigem Leid, / was je mich geschmerzt / in Schand' und Schmach, – / süßeste Rache / sühnte dann alles! / Erjagt hätt' ich, / was je ich verlor, / was je ich beweint, / wär' mir gewonnen – / fänd' ich den heiligen Freund, / umfing' den Helden mein Arm!« Er würde ihr wie Sigmund antworten: »Dich, selige Frau / hält nun der Freund, / dem Waffe und Weib bestimmt! / Heiß in der Brust / brennt mir der Eid, / der mich dir Edlen vermählt. / Was je ich ersehnt, / ersah ich in dir; / in dir fand ich, / was je mir gefehlt! / Littest du Schmach, / und schmerzte mich Leid; / war ich geächtet, / und warst du entehrt; / freudige Rache / ruft nun dem Frohen! / Auf lach' ich / in heiliger Lust, / halt' ich dich Hehre umfangen, / fühl' ich dein schlagendes Herz!« (*Die Walküre*, 1. Aufzug, 4. Szene)
>
> Und sie hörte diese Worte in einer Musik, die noch übernatürlicher und rauschvoller war als jene (auch sie doch schon ganz Ekstase, Spannung, Liebkosung und Glückseligkeit), mit der Wagner sie belebt hat.[64]

Drei Jahre später, bei der Wiederaufnahme von »Mélancolique Villégiature de Mme de Breyves« in *Les Plaisirs et les*

Jours hat Proust dieses vielleicht allzu deutliche Echo auf »l'année de la *Valkyrie*« gestrichen; den folgenden Bezug auf Wagner hat er aber beibehalten:

> Eine Phrase aus den *Meistersingern*, die sie auf der Soiree bei der Princesse d'A. gehört hatte, besaß die Gabe, ihr Monsieur de Laléande mit größter Präzision zu evozieren (*Dem Vogel, der heut sang, dem war der Schnabel hold gewachsen*). Ohne es zu wollen, hatte sie daraus das eigentliche Leitmotiv für Monsieur de Laléande gemacht, und als sie es einmal in Trouville in einem Konzert hörte, brach sie in Tränen aus. Von Zeit zu Zeit, nicht allzuoft, um sich nicht abzustumpfen, schloß sie sich in ihr Zimmer ein, wohin sie das Klavier hatte bringen lassen, und begann die Phrase zu spielen, wobei sie die Augen schloß, um ihn besser zu sehen; dies war ihr einziger Freudenrausch, dem doch nur Ernüchterung folgte, es war das Opium, von dem sie nicht lassen konnte.[65]

Der ›normale‹ Interpret muß sich an dieser Stelle mit Prousts Verhältnis zu Wagner, seiner Verwendung von Leitmotiven, der Fetischthematik oder auch seiner Vorliebe für Anzüglichkeiten auseinandersetzen; jener Interpret aber, der nur den kryptischen Eintrag vom 22. August 1893 im Gästebuch einer Hütte in den Schweizer Bergen im Auge hat, kann aufatmen, denn er weiß nun, falls er diesen Umweg benötigte, daß es sich bei »Dem Vogel, der heut sang« um ein Wagnerzitat handelt[66] und daß Proust dieses Zitat in einer Erzählung verwendet, die kurz vor seiner Abreise ins Engadin entstanden ist. Was es aber mit diesem Zitat auf sich hat, kann man vorerst nur erahnen.

FRAGMENTE EINES BRIEFROMANS

Noch während Proust an »Mélancolique Villégiature« (und wohl auch an seinen Examensvorbereitungen) arbeitete, nahm er zusammen mit Louis de la Salle, Daniel Halévy und Fernand Gregh ein neues Projekt in Angriff. Die vier Freunde, die schon die Zeitschrift *Le Banquet* herausgegeben hatten, wollten nun gemeinsam einen Briefroman schreiben. Dabei dienten ihnen als literarische Vorbilder der 1846 erschienene Briefroman *La Croix de Berny* von Théophile Gautier, Delphine de Girardin, Jules Sandeau und Joseph Méry sowie Paul Hervieux' Roman *Peints par eux-mêmes* (1893), in dem zehn Personen ihre Briefe austauschen. Halévy übernahm die Rolle eines Abbé, dem sich die anderen Briefpartner reihum anvertrauen; Proust war eine junge Witwe (oder ein junges Mädchen), »Pauline de Gouvres-Dives«, die in einen Unteroffizier aus dem von »Nulleroy« (Louis de la Salle) befehligten Regiment verliebt ist; Gregh war ein nicht näher definierter Künstler namens »Chalgrain«.[67] Daniel Halévy war offenbar die treibende Kraft der Unternehmung. Während er in seiner Funktion als Abbé die Seelen der Romanfiguren führte und als Schriftleiter die Briefe sammelte, hatte er auch – als Spiritus rector – seinen Freunden die Lektüre von D'Annunzios Roman *L'Innocente* aufgetragen, der im Juni 1893 unter dem Titel *L'Intrus* in französischer Übersetzung erschienen war. »Ich habe eine Woche mit *L'Intrus* verbracht«, schreibt ihm Fernand Gregh am 23. Juni,[68] und am 12. August meldet Proust: »La Salle liest *L'Intrus* und ist begeistert.«[69] Und etwas später, am 21. oder 22. August: »Ich habe die ersten dreißig Seiten von *L'Intrus* gelesen, die mich begeistern. Wenn ich damit fertig bin, werde ich dem Abbé schreiben.« Und zuhanden des Schriftleiters: »La Salle und ich schreiben uns sehr sorgfältig. Ist Chalgrain auch so fleißig wie wir?«[70]

Trotzdem ist das Projekt eines Briefromans über einige Fragmente nicht hinausgekommen. Es ergeben sich jedoch aufschlußreiche Beziehungen zwischen den Briefen der Protagonisten und den Briefen der Autoren, die das Romanprojekt kommentieren. Der erste Hinweis Prousts auf den Briefroman findet sich in einem Brief an Halévy vom 20. oder 21. Juli 1893. Offenbar hatte Halévy vorgeschlagen, Proust/Pauline solle mit »Vicomtesse de Dives – née de Dreux« unterschreiben. Proust gibt jedoch zu bedenken, daß er dann gezwungen sein könnte, manchmal mit »Dreux-Dives« zu zeichnen, was ein wenig nach Eisenbahnlinie klinge. Gleichentags stellt er in einem zweiten Brief an Halévy weitere Namen zur Diskussion:

> Da geborene Dreux, wie ich Dir heute morgen mit großem Bedauern geschrieben habe, wegen Dreux-Dives nicht geht, würde Dir Pauline de Dives, geborene Gouvres, gefallen – oder geborene Guivré, oder geborene d'Alériouvre, oder geborene Fréhel? [...] Ich glaube, geborene Buis oder de Buÿ wäre auch gut oder sogar geborene de Buivre, nur hätte Buivre-Dives – und sogar Buÿ-Dives – zu viele *i* und wäre zu kurz.[71]

Zwei der hier vorgeschlagenen Namen, nämlich Gouvres und Buivres, hatte Proust auch in »L'Indifférent« verwendet, was darauf hinweist, daß er zu jenem Zeitpunkt (um den 20. Juli) bereits nicht mehr daran dachte, diese Erzählung zu veröffentlichen. Die beiden Namen jedoch, auch jene des bald darauf fallengelassenen Briefromans, hat er in spätere Werke hinübergerettet. Madame de Breyves in »Mélancolique Villégiature« ist eine geborene d'Alériouvre, und in »La Fin de la jalousie«, der letzten Erzählung von *Les Plaisirs et les Jours*, stehen die im Sommer 1893 erprobten Namen in einer Reihe: »Gouvres, Alériouvre, Buivres, Breyves«.[72] Im Zusammenhang der Erzählung bezeichnen die vier Namen die Männer (die Lebemänner), mit denen Françoise (die Protagonistin) ihren Honoré (den Protagonisten) möglicherweise betrogen hat; im Kontext von Prousts Frühwerk stehen sie als Zeichen für die Welt jener, die ihre Tage in den »plaisirs« verbringen. Einer der Namen, die Proust Halévy vorschlug, paßt aber nicht recht in die Reihe der Gouvres, Guivré usw., nämlich Fréhel. Pauline, wie Madeleine de Gouvres oder Françoise de Breyves eine der verwöhntesten, eine der gefragtesten Frauen von Paris, könnte – so schlägt Proust vor – eine geborene Fréhel sein, ihren Namen also von jenem der elegantesten Frau des wirklichen Paris ableiten: »Fréhel« ist ein deutlicher Widerhall von Prousts schwärmerischer Verehrung für die Gräfin Greffulhe.

Auch im ersten Brief von Pauline de Gouvres-Dives an den Abbé hat die Soiree bei der Fürstin von Wagram, auf der Proust der Gräfin erstmals begegnete, ihre Spuren hinterlassen. Deutlicher noch als in »L'Indifférent« und in »Mélancolique Villégiature de Mme de Breyves« hat Proust im »Briefroman« das Thema der letzten Soiree des (gesellschaftlichen) Jahres herausgearbeitet:

> Die Princesse d'Alériouvres hat vorgestern bei sich eine alberne Komödie gegeben. [...] Was soll's, dieser Soiree eignete ein großer, melancholischer Zauber: es war die letzte des Jahres. [...] Aber stellen sie sich vor, was das bedeutet: die letzte Soiree des Jahres. Stellen Sie sich vor, wie jemand (und offensichtlich gibt es deren viele), der zu lieben beginnt, die letzte Soiree des Jahres mit dem Bewußtsein besucht, was er liebt, während Monaten nicht zu sehen. Allerhöchstens – wenn er alle Umstände in banger Unruhe zusammenstellt – wird er dabei seinen

Aufenthaltsort bis zum Winter erfahren. Dies genügt, um ihn seine Tage und Nächte in Trouville und St. Moritz in Traumgedanken an die Touraine oder an Spa verbringen zu lassen.⁷³

In Trouville hat sich Proust im Sommer 1892 aufgehalten, während seine »Traumgedanken« bei Robert de Billy und Edgar Aubert in St. Moritz weilten; ebenfalls in Trouville geht Françoise de Breyves ihren melancholischen Traumgedanken an Monsieur de Laléande nach, der den Sommer in Biarritz verbringt. Trouville weist – aus der Sicht Prousts – in die Vergangenheit, St. Moritz in die Zukunft. Gleichzeitig mit dem Brief Paulines schickt Proust Halévy am 4. August einen Brief, in dem er erklärt, der Name der Princesse d'Alériouvres müsse abgeändert werden, da er ihn in einer kürzlich fertiggestellten Novelle verwendet habe:

> Ich werde später darum bitten, den Namen der Princesse d'Alériouvres abzuändern. In einer Novelle, die ich eben vollendet habe, ist Mme. de Brayves [sic] schon eine geborene d'Alériouvres, und das könnte unfreundliche Verwechslungen geben für Mme. de Brayves.⁷⁴

Im Postskriptum desselben Briefes schreibt Proust, er sei noch bis Montag morgen zu Hause zu erreichen. Der nächste Brief Paulines an den Abbé und auch der nächste Brief Prousts an Halévy stammen denn auch aus St. Moritz. Den Brief Prousts an Halévy vom 19. August kennen wir bereits (s. S. 26); der erste Brief Pauline de Gouvres' aus St. Moritz führt uns endlich, nach langen Umwegen, an unseren Ausgangspunkt, nämlich ›Proust im Engadin‹, zurück:

Ich hoffe, mich bald einzuleben und Gefallen zu finden an dieser Landschaft, die großartig ist, erstaunlich wagnerisch, lauter Seen, grün wie Edelsteine, und darüber Berge, an denen die Wolken ihre großen, blauen Schatten vorbeiziehen lassen wie auf dem Meer (Sie kennen sie, die großen Schattenflecken des Meeres), und rundherum überall Tannenwälder, geeignet, Walküren herunterschweben oder Lohengrin landen zu lassen. Auf der Herreise von Chur, die vierzehn Wagenstunden dauert, sieht man auf einem wirklich unerreichbaren und schwindelerregenden Felskamm eine Burgruine, deren vergangene Herren mich oft träumen machen. Was für Verbrechen, was für erbliche Laster mußten sie von Generation zu Generation in diesem Adlerhorst vor der Neugier, dem Haß und der Gewalt der Welt verteidigen? Sie anzugreifen wäre unsinnig gewesen, sie gegen ihren Willen zu sehen unmöglich. Die großartige Trostlosigkeit der violetten Berge um sie herum und der Rausch einer absoluten Einsamkeit mußten alle ihre Wonnen über alle Maßen hinausführen, mußten sie mit Poesie erfüllen, sie erweitern, sie unendlich werden lassen, ohne ihnen ihre Schärfe zu nehmen. Denn Sie wissen, Abbé, Baudelaire hat es gesagt: »Es gibt gewisse Empfindungen, deren Unbestimmtheit die Intensität nicht ausschließt, und es gibt keinen schärferen Stachel als den des Unendlichen.« Welch ein Ort, um zu lieben! Ich schreibe dies, ohne es gleichzeitig durchdenken zu können, denn ich empfinde es zu stark, und die Liebe ist, wie diese Bergspitzen, schwindelerregend.[75]

Von den Burgruinen des Domleschgs und der vierzehnstündigen Wagenfahrt von Chur nach St. Moritz war im Zusammenhang mit Fahrplänen bereits die Rede (s. S. 22). In den Briefen von Pauline de Gouvres werden nun aber

Prousts Reiseeindrücke von literarischen Reminiszenzen überlagert. So weist beispielsweise die Burgruine auf ihrem schwindelerregenden Felskamm auf Nieder-Juvalta und Ober-Juvalta (vgl. Abb. 7), die vergangenen Herren, die Verbrechen und die erblichen Laster dagegen entstammen einer Novelle von Barbey d'Aurevilly, *Une page d'histoire* (1886).[76] Diese Schauergeschichte handelt von den »erblichen Lastern einer verlorenen Rasse«,[77] die in der inzestuösen Liebe eines Geschwisterpaares ihren Höhe- und Schlußpunkt finden. Mit dem schuldigen Paar, das auf dem Schafott endet, erlischt auch die schuldbeladene Familie. Zur Einstimmung schreibt Barbey: »[...] es ist eine Geschichte von derart schuldiger Liebe und derart schuldigem Glück, daß schon der Gedanke daran in Entsetzen ... und (Gott verzeihe uns!) in Entzücken versetzt, jenes betörend gefahrvolle Entzücken, das uns beinahe schuldig, ja mitschuldig werden läßt an einem vielleicht, wer weiß, neidisch-sehnsuchtsvoll geteilten Verbrechen ...«[78] Die drei Auslassungspunkte haben Proust offensichtlich nicht unberührt gelassen.

Daß Pauline die Landschaft des Engadins »erstaunlich wagnerisch« findet, kann den Kenner von ›Proust 1893‹ nicht erstaunen. Wagnerisch sind die blauen Schatten der Wolken, die Tannenwälder, von denen Walküren herunterschweben, und die grünen Seen, auf denen Lohengrin einhersegelt; wagnerisch ist aber auch – auf untergründigere Weise – die Burgruine auf ihrem unerreichbaren Felskamm; sie ist nämlich nicht nur ein Motiv des romantischen Schauerromans oder der pittoresken Landschaftsmalerei, sondern erinnert auch an die Schlösser des Wagnerfreundes Ludwig II. und deutet somit auf »Laster« (diesmal nicht Inzest, sondern Homosexualität), die Proust faszinierten und die er selbst vor der Neugier und dem Haß der Welt zu verbergen suchte.

Die Passage in wagnerscher Tönung mündet in ein Baudelaire-Zitat, womit Proust eine Themenkonstellation aus »Mélancolique Villégiature de Mme de Breyves« wiederaufnimmt. In der Erzählung leiten die Walkürezitate und das Motiv aus den *Meistersingern* über zu einem nicht enden wollenden Klagelied der Titelheldin, das von dem einleitenden und anaphorisch verwendeten Leitmotiv an (»elle maudissait«, aus »Bénédiction«, dem Eingangsgedicht der *Fleurs du mal*) in baudelaireschen Tönen gehalten ist. Es endet mit demselben Zitat aus »Le confiteor de l'artiste« (*Petits poèmes en prose*) wie der Brief Paulines an ihren Abbé:

> [...] sie verfluchte jenes unbeschreibliche Gefühl vom Geheimnis der Dinge, in das sich unser Geist, umgeben vom Strahlenglanz der Schönheit, hinabsinken läßt wie die untergehende Sonne ins Meer, hatte es doch ihre Liebe vertieft, der Wirklichkeit entrückt, unendlich weit anwachsen lassen, ohne ihr die Folterqualen zu nehmen, »denn (wie es Baudelaire von herbstlichen Spätnachmittagen gesagt hat) es gibt Empfindungen, deren Unbestimmtheit die Intensität nicht ausschließt, und es gibt keinen schärferen Stachel als den des Unendlichen«.[79]

Schon in »L'Indifférent« klingt, wo es um die Tiefen des menschlichen Herzens geht, Baudelaire an: »plötzlich sank ihr Blick so tief in das Herz ihres Gegners, wie er in den unendlich weiten Horizont des vor ihr liegenden Himmels hätte eintauchen können«.[80]

Im Postskriptum des ersten Briefs von Pauline aus St. Moritz fügt Proust zu Wagner und Baudelaire, den beiden offiziellen Göttern des dekadentistisch-ästhetizistischen Fin de siècle, seinen damaligen Hausgott hinzu, nämlich Montesquiou:

> Sie können sich die Farbtöne des Sees kaum vorstellen; während ich Ihnen schreibe, schimmert er wie die Deckflügel eines Käfers. Er belebt in mir den Wunsch, von dem ich neulich gesprochen habe, Pfauen zu besitzen und einen Opal. Aber Pfauen, wohin damit, mein Lieber? Ich sähe sie gerne den Winter durch, aber wie soll ich's anstellen, wenn sie in Le Haître sind? An der Rue Barbet de Jouy ist der Garten wirklich zu klein, und sie würden mich am Schlafen hindern. Glauben Sie, dass es ein Schrei ist, an den man sich gewöhnt? Ich weiß nicht, ob Sie *Le Chef des odeurs suaves* von Robert de Montesquiou besitzen. Das Buch ist noch nicht erhältlich, aber es gibt Luxusausgaben. Darin stehen nämlich zwei wunderbare Stücke über Pfauen. Wenn Sie sie nicht haben, werde ich sie Ihnen abschreiben. Wenn Sie das Buch haben, suchen Sie das Stück mit dem Titel »Pavones« und das folgende »Paon, l'oiseau Paon est mort, le Dieu Pan l'a pleuré«. Das wär's. Man sagt mir, Ihre Nichte d'Alériouvre werde hier erwartet. Stimmt das?
> G. D.[81]

Wer der Aufforderung nachkommt und »Pavones« aufschlägt, entdeckt, was allerdings nicht erstaunt, daß schon Montesquiou Baudelaire seine Referenz erweist, bringt er doch seinen Pfau mit Sonnenuntergängen und am Nachthimmel schimmernden Sternbildern in Verbindung.

Ob der Abbé (Daniel Halévy) auf Paulines Briefe geantwortet hat, ist nicht bekannt, jedenfalls tut Proust (Pauline) so, als habe sich der Abbé tadelnd über Paulines Wagnerschwärmerei ausgelassen:

St. Moritz
Ach so, mein lieber kleiner Abbé, nicht unterwürfig, sondern aufgebracht möchten Sie mich sehen! Ihr Herz »würde vor Freude aufgehen, wenn ich Ihnen sagte: mein lieber Abbé, Sie sind nur ein Dummkopf«. Nun denn, Ihr Herz kann aufgehen. Wie, Sie werfen mir vor, daß ich Walküren hinter den Bäumen sehe? Sie Unglückseliger, was sehen Sie denn dort? Und wenn ich aufhören würde, welche zu sehen, glauben Sie, ich würde fortfahren, die Bäume zu lieben? Kennen Sie denn die Geschichte von dem Narren nicht, der glaubte, in einer Flasche die Prinzessin von China wiederzusehen? Man zerbrach ihm die Flasche. Aus dem Narren, der er war, wurde ein Idiot. Wollen Sie die Tugend auf den universalen Kretinismus gründen? Das Reich Gottes wird schöne Bewohner haben!

Was mich betrifft, mein Vater, werde ich, wenn Sie es dulden – und sogar, wenn Sie es nicht dulden –, zu Gott beten, er möge mir noch lange erlauben, Walküren hinter den Bäumen des Engadins zu sehen, denn ich bin überzeugt, daß es schöne und unschuldige Geschöpfe sind und daß es gut ist, sie zu sehen, wo immer man kann; und weit davon entfernt, ihre kriegerische Anmut nicht anzuschauen, würde ich es sogar mit besonderer Aufmerksamkeit tun, wenn man sie nicht besser sehen würde, ohne daran zu denken; denn ich bin der Meinung, daß wir unsere Herzen nicht vertrocknen lassen dürfen, bevor wir sie dem lieben Gott darbieten, sondern daß wir all ihre närrischen Blumen, die ihn mehr erfreuen werden, pflegen müssen. [...] Die Sonne brennt. Eine Brise kommt auf über dem See. Mein Boot ist bereit. Ich lasse Sie, um Forellen fischen zu gehen und mich vor dem Diner an der kühlen Luft zu erfrischen. Ich werde an Sie denken während dieser köstlichen Augenblicke und umarme sie.

GOUVRES-DIVES[82]

Die Geschichte von dem Narren, der glaubt, in einer Flasche die Prinzessin von China zu sehen, erscheint auch in *Le Côté de Guermantes* und in *La Prisonnière*. Sie hat den Kommentatoren lange Zeit Kopfzerbrechen bereitet. Heute weiß man, daß Proust sie in einem Feuilleton von Anatole France über Mérimée (*Le Temps*, 19. Februar 1888) gelesen hat, das auch in *La Vie littéraire* (1888) aufgenommen wurde.

Wichtiger jedoch als diese Reminiszenz an einen der damaligen Lieblingsschriftsteller Prousts ist die Auseinandersetzung zwischen Pauline und dem Abbé über die Walküren, die Pauline hinter den Bäumen des Engadins hervortreten sieht. In den Vorbehalten des Abbé schimmert die Abgründigkeit des Themas durch, während Pauline sich naiv gibt und nichts Schlimmes daran sehen will.

Als Proust auf seiner vierzehnstündigen Fahrt von Chur nach St. Moritz gegen Mittag in Savognin haltmachte, ahnte er wohl kaum, daß sich zur gleichen Zeit in diesem Dorf ein bedeutender Maler mit der Themenverbindung Baum/Frau auseinandersetzte. Giovanni Segantini, der sich 1886 mit seiner Familie in Savognin (damals auch Schweiningen genannt) niedergelassen hatte, arbeitete in diesen Jahren sowohl an abgründig-dysphorischen als auch an naiv-euphorischen Versionen des Themas. Mit den »Bösen Müttern« zeigt Segantini das Thema aus der Sicht des Abbé, mit dem »Engel des Lebens« aus jener Paulines (vgl. Abb. VIII).

Ein Kapitel ›Proust und Segantini‹ fehlt bisher in der Proust-Biographik und der Proust-Interpretation.[83] Tatsächlich gibt es keine Dokumente, die darauf schließen lassen, Proust habe Segantini gekannt. Es bleibt auch zu untersuchen, ob Montesquiou, Prousts damalige Informationsquelle in Sachen modernster Malerei, sich schon 1893 wirklich für Segantini interessierte. Er schreibt zwar in einem kurz nach Segantinis Tod (28. September 1899) verfaßten Essay über das Engadin, »L'Air de jouvence«: »Ich habe 1887 in Venedig ein Bild mit einer schwarzweiß gefleckten Kuh auf der Weide im Oberengadin bewundert«,[84] doch möglicherweise täuscht er sich im Datum, oder es liegt ein Druckfehler vor, denn ein Bild von Segantini, auf das seine Beschreibung zutrifft, wurde nicht 1887, sondern 1897 in Venedig gezeigt, nämlich »Pascoli di Primavera« (Pinacoteca di Brera, Mailand). An der Weltausstellung von 1889 aber hat er sich das mit einer Goldmedaille prämierte Gemälde Segantinis »Kühe an der Tränke« (Kunstmuseum, Basel) gewiß nicht entgehen lassen. Viele Jahre später, als Marcel Proust ihm ein Exemplar von *À l'ombre des jeunes filles en fleurs* zugesandt hatte, schrieb er seinem früheren Bewunderer:

Ihr erster Band hatte mich annehmen lassen, daß das ganze Werk sich in dem großen Schatten Balzacs entwickeln würde, der für einen Romancier schwer zu umgehen ist; aber Sie begnügen sich damit, sich bei der Beschreibung von Françoise als gelehriger und meisterhafter Schüler auszuweisen. Nein, wirklich, im Zusammenhang mit Ihnen kann ich nur zwei Namen anführen, und dazu noch aus einer anderen Kunstgattung, zwei Meister der divisionistischen Malerei, den Italiener Segantini und bei uns Fantin-Latour, ein lobender Vergleich, wie mir scheint.
Diese Maler ersetzen nämlich die einem Ingres teure Lasierung durch eine Vielzahl, ja fast Unendlichkeit von

Pinselstrichen, die die Komposition zum Schwingen und das Thema zum Leben bringen, anstatt es zu verfestigen, gleich Marmor bei geschickter Künstlerhand, gleich Wachs bei fehlendem Talent.
Ihre Zitate und Überlegungen flattern wie in einer vielfarbigen Konfetti- und Blütenschlacht, wie Flocken, die anstatt zu fallen, sich erheben und schliesslich zu Schmetterlingen werden; man ist verwirrt, begeistert; nichts stört, im Gegenteil, alles gefällt, denn die Bemerkungen sind reizend und die Überlegungen scharfsinnig.[85]

Offensichtlich liegt für Montesquiou der Zusammenhang zwischen Proust und Segantini nicht auf der Ebene der Motive und Themen, sondern auf jener der Technik. Bei beiden Künstlern entsteht die spezifische Atmosphäre – nämlich eine Art Flimmern im Raum – durch eine spezifische Schreib- beziehungsweise Maltechnik. Allerdings bringt Montesquiou Prousts Blütengeflimmer weder mit segantinischen Morgen-, Mittag- oder Abendstimmungen noch mit Kühen oder Ziegen, sondern mit whistlerschen Schmetterlingen in Verbindung, wohl ohne sich daran zu erinnern, daß Proust in einem seiner frühen Texte – nicht ohne einen Seitenblick auf ihn, Montesquiou – ebensolche whistlersche Schmetterlinge durch eine Abendstimmung im Engadin flattern läßt.

Diesen Text, das in der Dezember-Nummer 1893 der *Revue blanche* erschienene Prosagedicht »Présence réelle«, in dem Proust seine Engadiner Impressionen zusammenfaßt, gilt es nun abschließend zu betrachten.

Wir haben uns geliebt in einem verlorenen Dorf des Engadins, dessen Name von doppelt süßem Klang war: der Traum deutscher Laute erstarb in der Wollust italienischer Silben. Unweit bespülten drei Seen von nie gesehenem Grün Tannenwälder. Gletscher und Bergspitzen schlossen den Horizont. Abends vervielfachte sich in der Tiefe der hintereinanderliegenden Ebenen die Sanftheit der Lichttöne. Werden wir je die Spaziergänge am See von Sils-Maria vergessen, als der Nachmittag endete, um sechs Uhr? Die Lärchen, von so schwarzer Klarheit, wenn sie sich vom blendenden Schnee abheben, streckten dem blaßblauen, beinahe malvenfarbenen Wasser ihre in zartem Grün leuchtenden Äste entgegen. Eines Abends war uns die Stunde besonders gnädig gesinnt; mit lieblichem Zauber ließ die sinkende Sonne im Verlauf weniger Augenblicke das Wasser alle Farbtöne und unsere Seele alle Wonnen durchlaufen. Verbunden mit der Ekstase unseres Herzens zog sich die Agonie der Blautöne wie eine lang andauernde Liebkosung hin. Plötzlich zuckten wir zusammen, denn wir hatten einen kleinen rosa Schmetterling erblickt, dann zwei, dann fünf, die die Blumen unseres Ufers verließen und über den See dahinflatterten. Bald schienen sie nur noch ungreifbarer, davongetragener Staub aus Rosa zu sein, der über den See glitt; dann erreichten sie die Blumen des anderen Ufers, kamen zurück, und behutsam begannen sie von neuem die abenteuerliche Überquerung, bisweilen hielten sie inne, gleichsam von einer Versuchung ergriffen über diesem jetzt wie eine große welkende Blume köstlich getönten See. Das war zuviel; unsere Augen füllten sich mit Tränen, und unsere Brust atmete heftig, dem Schluchzen nahe. Wenn sie den See überquerten, flogen diese kleinen Schmetterlinge wieder und wieder über unsere Seele hin – über unsere Seele, die sich angesichts solcher Schönheit vor Erregung spannte und bereit war zu vibrieren –, sie flogen wieder und wieder wie ein lustvoller Bogen dahin. Die leichte Bewegung ihres Flugs streifte das Wasser nicht, doch liebkoste sie unsere Augen, unsere Herzen, und bei jedem Erzittern ihrer kleinen rosa Flügel war uns, als müßten wir vergehen. Als wir sahen, wie sie vom anderen Ufer zurückkehrten, und sie uns so offenbarten, daß sie spielten und sich frei über den Wassern bewegten, ertönte für uns eine köstliche Harmonie; sie aber kehrten behutsam zurück, auf unzähligen kapriziösen Umwegen, die die ursprüngliche Harmonie abwandelten und eine Melodie von bezaubernder Phantasie entwarfen. Unsere zum Klingen gebrachte Seele lauschte dem lautlosen Flug, einer Musik aus Zauber und Freiheit, und all die sanften, doch intensiven Harmonien des Sees, der Wälder, des Himmels und unseres eigenen Lebens begleiteten sie mit einer derart magischen Sanftheit, daß wir in Tränen aufgelöst und außer uns – um nur allzuschnell unsere Blindheit wiederzuerlangen – die Tiefen des unendlichen Geheimnisses der Dinge erblickten.

In jenem Jahr hatten wir uns nicht gesprochen, und ich hatte dich sogar aus den Augen verloren. Aber wie sehr haben wir uns dann im Engadin geliebt! Nie konnte ich genug von dir bekommen, nie ließ ich dich allein zu Hause. Du begleitetest mich auf meinen Spaziergängen, aßest an meinem Tisch, schliefst in meinem Bett, träumtest in meiner Seele. Eines Tages – ist es möglich, daß ein sicherer Instinkt als geheimnisvoller Bote dich nicht benachrichtigt hat von diesen Kindereien, in die du so sehr miteinbezogen warst, die du miterlebt hast, ja, wirklich miterlebt, so sehr hattest du in mir leibhaftige Gegenwart, eine Realpräsenz – eines Tages (wir hatten beide Italien noch nie gesehen) waren wir von dem, was uns von Alp Grüm gesagt wurde, wie geblendet: »Von dort sieht man bis nach Italien.« Wir brachen nach Alp Grüm auf und stellten uns vor, im Schauspiel, das sich zu Füßen des Berges ausbreiten werde, müsse dort, wo Italien beginnt, die wirkliche und harte Landschaft mit einem Male aufhören, und es müsse in traumhafter Tiefe ein völlig blaues Tal sich öffnen. Unterwegs bedachten wir, daß eine Grenze nichts verändert und daß auch dann, wenn der Boden sich veränderte, dies unmerklich geschähe, und wir daran gewöhnt wären, bevor wir die Spitze erreicht haben würden. Ein wenig enttäuscht lachten wir dennoch darüber, daß wir eben noch so kindisch gewesen waren. Als wir aber auf dem Gipfel angelangt waren, standen wir wie geblendet. Unsere kindliche Vorstellung lag verwirklicht vor uns. Uns zur Seite schimmerten Gletscher. Zu unseren Füßen durchzogen reißende Bergbäche eine wilde Engadiner Landschaft von dunklem Grün. Dann ein geheimnisvoll anmutender Hügelzug; und dahinter malvenfarbene Hänge, die sich bald öffneten, bald wieder schlossen, vor einer wahrhaft blauen Gegend; es war eine herrlich rein leuchtende, in Opal- und Mondscheintönen schimmernde Straße auf Italien zu. Die Namen waren nicht mehr die gleichen; sie standen alsbald mit dieser göttlichen Lieblichkeit in Einklang. Man zeigte uns den Lago di Poschiavo, den Pizzo di Verona, die Val Viola. Danach kamen wir in eine außerordentlich wilde und verlassene Gegend, wo die Trostlosigkeit der Natur und die Gewißheit, dort für alle unerreichbar zu sein, und auch unsichtbar, unbesiegbar, die Lust, sich dort zu lieben, bis zur Ekstase gesteigert hätte. Da aber empfand ich wahrlich zutiefst die Traurigkeit darüber, daß du nicht in deiner materiellen

Gestalt bei mir warst, anders als im Gewand meiner Sehnsucht, in der Wirklichkeit meines Verlangens. Ich stieg ein wenig hinab bis zu der immer noch hochgelegenen Stelle, zu der die Touristen kommen, um die Aussicht zu bewundern. In einer abgelegenen Hütte gibt es ein Buch, in das sie ihre Namen eintragen. Ich trug meinen ein und daneben eine Buchstabenkombination, die eine Anspielung auf deinen war; denn es war mir jetzt unmöglich, mir nicht einen materiellen Beweis zu geben von der Wirklichkeit deiner geistigen Nähe. Als ich etwas von dir in dieses Buch setzte, war es mir, als befreite ich mich um ebensoviel von dem erdrückenden Gewicht, mit dem du meine Seele ersticktest. Und außerdem hatte ich die grenzenlose Hoffnung, dich eines Tages dorthin zu führen, um diese Zeile zu lesen; dann würdest du mit mir noch weiter hinaufsteigen und mich für all diese Traurigkeit entschädigen. Ohne daß ich dir ein Wort davon hätte sagen müssen, würdest du alles verstanden haben, oder vielmehr, du würdest dich an alles erinnert haben; und du würdest dich beim Aufstieg mir überlassen, würdest dich ein wenig auf mich stützen, um mich besser spüren zu lassen, daß du diesmal wirklich da bist; und ich würde zwischen deinen Lippen, die einen leichten Geruch deiner orientalischen Zigaretten bewahren, gänzliches Vergessen finden. Wir würden sehr laut unsinnige Worte sagen, weil es herrlich ist zu rufen, ohne daß weitherum jemand uns hören kann; nur kurzes Gras würde im leichten Bergwind erzittern. Der Aufstieg würde deinen Schritt verlangsamen, du würdest schwerer atmen, und mein Gesicht käme näher, um deinen Atem zu spüren. Wir wären von Sinnen. Wir würden auch dorthin gehen, wo ein weißer See neben einem schwarzen See liegt, sanft wie eine weiße Perle neben einer schwarzen Perle. Wie hätten wir uns geliebt in einem verlorenen Dorf des Engadins! Wir hätten nur Bergführer sich uns nähern lassen, jene so großen Männer, deren Augen etwas anderes widerspiegeln als die Augen anderer Menschen und auch wie aus einem anderen »Wasser«, aus einem anderen »Orient« sind. Aber ich kümmere mich nicht mehr um dich. Die Sattheit hat sich vor der Besitznahme eingefunden. Selbst die platonische Liebe kennt ihre Sättigungen. Ich möchte dich nicht mehr in diese Gegend führen, an die du mich mit einer derart rührenden Genauigkeit erinnerst. Dein Anblick besitzt für mich nur noch einen Zauber, nämlich – wie die Blumen wieder erblühen und zu duften beginnen, wenn der Saft wiedererwacht, der ihnen so viel Glanz verlieh – mir plötzlich die fremdartig sanften deutschen und italienischen Namen in Erinnerung zu rufen: Sils-Maria, Silva Plana, Crestalta, Samaden, Celerina, Julier, Val Viola.[86]

Wanners Entdeckung von Prousts Unterschrift im Gästebuch auf der Alp Sassal Masone muß gerade auch jene Interpreten verunsichern, die aufgrund von Prousts Vorbehalten gegenüber einer biographischen Literaturkritik, wie er sie in seinem *Contre Sainte-Beuve* ausführen wollte, den literarischen Text nicht zum vornherein mit der Lebenswirklichkeit seines Autors in Verbindung setzen wollen. Sie haben bisher »Présence réelle« als poetisches Fantasiestück betrachtet und müssen nun erkennen, daß der Text nicht nur, wie Proust es in einem Brief an Robert de Billy ankündigt (s. S. 26), Impressionen zu lesen gibt, sondern auch ganz konkrete Ereignisse festhält.

Der Ausflug auf Alp Grüm kann aufgrund von »Présence réelle« allerdings nicht genau rekonstruiert werden. Wir nehmen an, Proust und de la Salle seien mit einem gemieteten Wagen frühmorgens von St. Moritz losgefahren.

16. »*Wir würden auch dorthin gehen, wo ein weißer See neben einem schwarzen See liegt, sanft wie eine weiße Perle neben einer schwarzen Perle.*« *(Marcel Proust, »Leibhaftige Gegenwart«)*
Blick gegen Norden auf das Bernina Hospiz mit dem Lago Bianco und dem Lej Nair.
Photo von Adolphe Braun.

Vielleicht wurde in Pontresina ein erstes Mal angehalten, und vielleicht hat Proust dort jene großen Männer gesehen, »deren Augen etwas anderes widerspiegeln als die Augen anderer Menschen«. Auch andere Literaten jener Zeit haben sich von dem Bild der auf Kundschaft wartenden Pontresiner Bergführer inspirieren lassen. So schreibt beispielsweise Jakob Christoph Heer, ein ehemaliger Schullehrer, der damals als Feuilletonredakteur der *Neuen Zürcher Zeitung* und später als Schriftleiter der *Gartenlaube* in Stuttgart wirkte,[87] in seinen *Streifzügen im Engadin*: »Am meisten haben mir die Bergführer gefallen. Was für prächtige Typen bei Jungen und Alten, intelligent, wetterhart und eisenzäh! Da stehen oder sitzen sie, zwanzig, dreißig an der Straße, den grauen Filzhut mit dem Edelweiß auf dem ausdrucksvollen Kopf, über die starke Brust das Gletscherseil als Bandulier, in der knorrigen Hand den Eispikkel, an den Füßen die schwergenagelten Bergschuhe. Sie rauchen gemütlich oder haben eine Blume im Mundwinkel hängen; sie plaudern gelassen und unauffällig mustern sie jeden Fremden, der vorübergeht, mit Kennerblick; steht er nicht still, so regen auch sie sich nicht. Und wird einer von ihnen engagiert, so macht er nicht viele Worte; ein Gruß und Bericht nach Haus, er gehe mit einem Herrn in die Berge. Bei schwierigen Touren gehen stets ihrer zwei. Sie haben keine kleinen Preise; aber man hat kaum schon gehört, daß im Berninagebiet ein Tourist, der einen Führer bei sich hatte, verloren ging.«[88] Von Pontresina ging es weiter am Fall des Berninabachs und den Berninahäusern vorbei bis Bernina Hospiz (vgl. Abb. 16), wo der weiße und der schwarze See (der Lago Bianco auf der Puschlaver- und der Lej Nair auf der Engadinerseite) nebeneinanderliegen »wie eine weiße Perle neben einer schwarzen Perle«. Der Weg von Bernina Hospiz nach Alp Grüm wird in Caviezels Führer durch das Oberengadin folgendermaßen beschrieben: »Nach Bellevue Grüm, 1/2 Std. Es führt ein neu angelegter Fußweg dorthin. Reitpferde oder Esel sind gewöhnlich im Hospiz zu haben. Die beste Aussicht bietet nicht etwa die Höhe des Hügels, sondern die vorspringende Ecke bei der Restauration, in welcher kalte Speisen und verschiedene gute Getränke zu bekommen sind. Den Glanzpunkt bildet der Palü-Gletscher. Tief unten liegt Cavaglia mit vielen Sennhütten und Sommerwohnungen und darüber hinaus schimmert in lichtem Blau der Puschlaver-See, an dessen oberm Ende man das Schwefelbad ›Le Prese‹ gewahrt. Ueber den engen und tiefen Thalausschnitt hinaus beobachten wir einen Theil der Bergkette, welche sich links vom Thal der Adda, dem Veltlin (Italien), von Bormio bis an den Comersee hinzieht.«[89] Prousts »Gipfel« ist wohl mit Caviezels »Höhe des Hügels« identisch. Es ist

17. »*Als wir auf dem Gipfel angelangt waren, standen wir wie geblendet. Unsere kindliche Vorstellung lag verwirklicht vor uns. Uns zur Seite schimmerten Gletscher.*« *(Marcel Proust, »Leibhaftige Gegenwart«)*
Blick von Alp Grüm zum Palügletscher und zum Piz Palü.
Photo von Adolphe Braun.

jener Punkt, der die Aussicht ins Tal freigibt und wo der kurze Abstieg zur Alp Grüm beginnt. Zur Rechten (vgl. Abb. 17) erblickt man den damals imposanten Palügletscher, den Piz Palü und den Piz Varuna, tief unten im Puschlav leuchtet der Lago di Poschiavo, und der Horizont wird durch die Kette der Bergamasker Alpen abgeschlossen (vgl. Abb. 18). Die Val Viola ist allerdings durch einen Bergkamm verdeckt; sie ist dort wirklich nur ein schöner Name. Die »Stelle, zu der die Touristen kommen« (bei Caviezel die »vorspringende Ecke bei der Restauration«), um die Aussicht zu bewundern, ist die Terrasse vor dem Gasthaus Belvedere, zu der man heute von der Bahnstation Alp Grüm hinaufsteigt. Wer von Alp Grüm aus den Blick von

18. »Zu unseren Füßen durchzogen reißende Bergbäche eine wilde Engadiner Landschaft von dunklem Grün. Dann ein geheimnisvoll anmutender Hügelzug; und dahinter malvenfarbene Hänge, die sich bald öffneten, bald wieder schlossen, vor einer wahrhaft blauen Gegend; es war eine herrlich rein leuchtende, in Opal- und Mondscheintönen schimmernde Straße auf Italien zu.« (Marcel Proust, »Leibhaftige Gegenwart«)
Blick von Alp Grüm ins Puschlav.
Photo von Mrs Main.

den Tiefen des Puschlaver Tals und den Höhen des Palügletschers zurückwendet, erblickt am Südhang des felsigen Sassal Masone eine große Mulde (vielleicht Prousts »verlassene Gegend«) und über einem schwarzen Felsriegel das Berggasthaus Sassal Masone. Es ist ein einfaches Steinhaus, davor auf einem Felsvorsprung die Aussichtsterrasse und daneben zwei kreisrunde, iglu- oder trulloförmige Steinbauten (vgl. Abb. 19). Im Puschlav nennt man solche Steinhüttchen »scelè«, manchmal auch »crot« oder »grot«. Früher dienten sie zur Aufbewahrung von Ziegen-

19. Die Hütten auf Sassal Masone zur Zeit Prousts.

käse (»crotin«), zu Prousts Zeiten lagerte in ihnen hauptsächlich Veltliner, heute (neben Veltliner) auch Coca-Cola. Die Steinhüttchen auf Alp Sassal Masone sind ein beliebtes Sujet der damaligen Reiseliteratur. Bei Caviezel erfährt man folgendes: »Nach Sassal Mason, 1 Std. Man geht den gleichen Weg wie nach Grüm. Nachdem die beiden Brükken zwischen den Seen überschritten sind, zweigt 20 Min. weiter hin ein Weg rechts ab, der etwas hügelan führt. In 25 Minuten wird die Restauration erreicht. Dieselbe dürfte in ihrer Bauart als Wirthschaftsgebäude ihresgleichen in Europa suchen. Von etwelcher Entfernung glaubt man 3 gewaltige Kohlenmeiler oder ameisenhaufenartige Steinhügel vor sich zu haben. Sie bilden Gewölbe, die als Keller, Küche, Salon etc. dienen. Auch hier ist die Aussicht sehr hübsch.«[90] Was die Aussicht anbelangt, zeigt sich Baedeker mitteilsamer: »L'alpe du Sassal Masone (2'377 m.), deux cabanes rondes en pierre [...] offre aussi une vue magnifique, sur le glacier de Palü, qui est encore plus rapproché, le Pizzo di Verona, le Piz Palü, la vallée de Poschiavo et les montagnes du Val Viola. Rafraîchissements (bon vin) dans la cabane.«[91] Möglicherweise diente Proust bei der Abfassung von »Présence réelle« Baedekers Namenliste als Erinnerungshilfe. Im Gegensatz zu Caviezel und Baedeker, die sich als Reiseführer verstehen und sich einigermaßen sachlich geben, läßt Heer in seinen *Streifzügen im Engadin* seiner Feder freien Lauf: »Da eine mächtige Überraschung. Eine Wegbiege und vor uns lag auf kleiner Terrasse die merkwürdigste menschliche Wohnung unseres Landes – Sassal Masone. / Wie sie schildern? Ein mächtiger ovaler Topf, der die Spitze oben hat, eine riesige Eskimohütte meinetwegen, aber nicht aus Schnee, sondern aus Felsstücken erbaut. Aus der Spitze ragen sonderbare Stangen und zwischen den Stangen und aus der Mauer hervor grinsen allerlei phantastische Wurzelstöcke, die beinahe Tieren gleichen, und gebleichte Schädel von Pferden, Ziegen und Wild. Man kann sich keine groteskere Behausung in so grotesker Naturumgebung denken; [...] Im dunklen Raum der sonderbaren Hütte, die mit Gemsen-, Hirsch- und Bärenfellen ausgeziert war und von deren Decke prächtiges italienisches Kupfergeschirr niederhing, das rötlich durch die Dämmerung leuchtete, stand nur in Umrissen erkennbar eine junge Frau. [...] Wir saßen auf der kleinen Terrasse und der Veltliner schmeckte ausgezeichnet. Was für ein wunderbarer Punkt ist dieses Sassal Masone! Hundert Schritte neben uns hängt von der silbernen Kuppel des Piz Palü, den wir hier von der Südseite sehen, der stotzgähe, gewaltige Palügletscher. Oben an den reinen Firnen rieselt der Schnee und stäubt, als wären dort die herrlichsten schäumenden Wasserfälle. Tiefer regt sich der blaue Gletscher; er kracht bald leis, bald laut; dann donnert er, daß es weithin wie Zorn Gottes durch die erhabene Stille dröhnt. Schweigt er ein Weilchen, dann klingt von der Rasenplatte der Alp Grüm unter uns feines Herdengeläute aus den Scharen weidender Kühe empor durch die Luft. Tiefer, ganz unbeschreiblich tief liegt in Vogelperspektive unter uns, ein versunkenes Land, das Puschlav mit dem traumhaft leuchtenden See von Le Prese und hinter ihm das weiße Dörfchen Puschlav. / Hinter diesem verengt sich das Thal zur dunklen Waldschlucht; aber, o Schönheit! durch die Kluft grüßt aus unendlicher Tiefe und Ferne, ein strahlendes Sterngebilde mehr denn etwas Irdisches, ein Kunstwerk Italiens. Nichts als es, nichts als der Bergdom, die wundervolle Marmorkirche Madonna di Tirano mit dem wie ein Funke glühenden Muttergottesbild, der einzige Gruß des Veltlins; sonst links und rechts Hochland, Gipfel an Gipfel, Haupt an Haupt, überragt vom gewaltigsten, dem Adamello, der herrlichen Hochmark Italiens. Zwischen den Bergen hindurch erblickt man noch den Hintergrund – Meeresbläue. Nein, es kann natürlicherweise das Meer nicht sein. Es ist Sommerduft, der ahnungsreich über der lombardischen Ebene wallt.« Und so geht es noch eine Weile weiter bis zur Heerschen Version des »vaut le détour« im Guide Michelin: »Der Ort allein ist einen Abstecher vom Engadin aus wert.«[92]

Heer hält es mit der Landschaft wie die damaligen Plakatmaler, das heißt, er kümmert sich wenig um geographische Gegebenheiten. So waren es denn wohl schon zu seinen Zeiten bedeutend mehr als hundert Schritte bis zum Palügletscher, obwohl dieser seither um beinahe zwei Kilometer zurückgegangen ist. Auch heißt das weiße Dörfchen hinter dem See von Le Prese nicht Poschiavo, sondern Miralago. Poschiavo liegt (von Sassal Masone aus unsichtbar) vor dem See. Und auch jenes »strahlende Sterngebilde« war schon damals, als nicht Smog, sondern Sommerduft über der Lombardei wallte, von Sassal Masone aus nicht zu sehen. Da hat sich wohl die Madonna di Tirano mit dem Literaten aus dem protestantischen Norden einen Scherz erlaubt und ist ihm kurzweg erschienen. Als nicht weniger wundertätig erweist sich die »herrliche Hochmark Italiens«, denn gewöhnlichen Menschenaugen bleibt auf Sassal Masone der Adamello wegen des dazwischen liegenden Piz Sena verborgen. Was man aber bei einem Hugo d'Alési (vgl. Abb. II und III) als Kompositionsprinzip der Gattung Tourismusplakat akzeptieren und goutieren kann, wird bei Heer zum Ärgernis. Und trotzdem: man mag sich über Heer ärgern, man mag seinen schöngeistigen Literatenstil belächeln, seine Puschlaver Landschaft ist dennoch ein Zeugnis nicht nur für einen Stil, dem auch Prousts Prosastück verpflichtet ist, sondern auch für den Genius loci gewisser Gegenden. Wie der Silsersee mit dem Blick auf La Margna und ins Bergell (vgl. Abb. VI und VII) hat auch die Aussicht von Alp Grüm oder Sassal Masone ins Puschlav Dichter, Maler und Photographen fasziniert und inspiriert. Im Kulturarchiv Oberengadin in Samedan wird eine Photographie von Mrs E. Main[93] aus den achtziger Jahren des 19. Jahrhunderts aufbewahrt (vgl. Abb. 18), die diese – auch in Prousts »schimmernder Straße auf Italien zu« wirkende – Faszination aufs schönste zum Ausdruck bringt, schöner jedenfalls, als es Heers Auslassungen über die Madonna di Tirano tun.

Die Parallele zwischen Prousts Ausflug am 22. August 1893 und seinem Prosastück »Présence réelle« kann mit einem Blick in das Gästebuch von Alp Sassal Masone abgeschlossen werden. Der »Buchstabenkombination« im Text entspricht der Eintrag »(A. G.)«. Von dem Wagnerzitat (»Dem Vogel, der heut sang«) ist im Text allerdings nur eine Andeutung (»diese Zeile«) übriggeblieben.

Poesie der Namen

Den onomastischen Phantastereien von Prousts Romanhelden um die Städtenamen der Normandie im dritten Teil von *Du côté de chez Swann* oder um den Namen Guermantes zu Beginn von *Le Côté de Guermantes* liegen zahlreiche Vorstufen und Entwürfe zugrunde. Schon in seinen frühesten Texten hat sich Proust sowohl für klingende oder sprechende Namen wie auch für zusammenhängende Namensysteme interessiert. So heißt beispielsweise in »Violante ou la mondanité« der als moralische Instanz figurierende Erzieher der Protagonistin Augustin und die Figur, die diese Instanz durchbricht, Violante,[94] Emporkömmlinge oder Hochstapler tragen Namen wie Grumello (»Mélancolique Villégiature de Mme de Breyves«); Lebemänner oder elegante Damen der großen Welt heißen Gouvres, Alériouvres, Buivres oder Breyves (s. S. 66). Das kohärenteste System von Personennamen hat Proust in »La Mort de Baldassare Silvande« aufgebaut.[95] Diese Erzählung ist 1895 in *La Revue hebdomadaire* erschienen, war aber zum vornherein dazu bestimmt, Prousts Erstling, *Les Plaisirs et les Jours* (1896), zu eröffnen. Wie Proust mit Personennamen experimentiert, haben wir am Beispiel seines Briefwechsels mit Daniel Halévy schon gesehen. In »Présence réelle« dagegen liegt ein Experiment – man darf ruhig sagen ein gelungener Versuch – mit Ortsnamen vor.

Ausgangspunkt von Prousts »rêverie onomastique« ist der auch heute noch für viele magisch klingende Name Sils-Maria, in dem »der Traum deutscher Laute« in der »Wollust italienischer Silben« erstirbt; Schlußpunkt ist die Reihe von »sanften deutschen und italienischen Namen«: »Sils-Maria, Silva Plana, Crestalta, Samaden, Celerina, Julier, Val Viola.« Zu der Zeit, als Proust sich in St. Moritz aufhielt, wurde zwar im Engadin mehr Rätoromanisch gesprochen als heute, doch wurden offiziell zur Bezeichnung der Ortschaften die deutschen Namen verwendet, die oft mit den italienischen übereinstimmen. Da der Purismus der Eidgenössischen Landestopographie ortsfremde Bezeichnungen auszumerzen sucht, ist das in Prousts Ohren so wohlklingende Crestalta von den Landkarten verschwunden,[96] und mit Ausnahme von Sils und St. Moritz, die weiterhin mit ihrem deutschen Namen bezeichnet werden, von Pontresina, bei dem sich die italienisch-deutsche Version erhalten hat, und von Celerina, das fest in Mailänder Hand ist und deshalb das Glück hat, wenn auch nicht rätoromanisch, so doch romanisch (d.h. italienisch) ausgesprochen zu werden, bekommen die meisten Orte des Engadins ihren rätoromanisch geschriebenen Namen in mannigfachen deutschen Verdrehungen zu hören. Samedan, Chamues-ch, S-chanf oder Cinuos-chel könnten davon ein Lied singen, ein Lied, das allerdings nur die Satiriker unter den Poeten zu inspirieren vermöchte.

Kurzum, 1893 waren die Namen des Engadins deutsch oder italienisch, und Proust hat mit ihnen assoziiert, was ihm eben deutsch und italienisch vorkam: mit Sils die wagnerschen Tannen, mit Maria das blaßblaue, malvenfarbene Wasser, mit Val Viola die blaue Ferne Italiens. Klänge und Farben, Klänge von Namen und Farben von Landschaften: damit hat sich Proust, wie auch Élisabeth Fould berichtet, im Engadin beschäftigt.

Landschaftsbilder

Von seinen allerfrühesten, für die Zeitschrift *Le Mensuel* geschriebenen Texten an hat sich Proust mit Malerei und malerischem Schreiben auseinandergesetzt. Neben Ausstellungsberichten findet sich dort auch ein Prosastück, »Choses normandes«,[97] das den Versuch darstellt, die malerische Gattung des Seestücks in das Medium der Sprache zu übertragen. In den für *Le Banquet* geschriebenen Texten übt sich Proust eher im Charakterporträt und in Gesellschaftsszenen, doch von 1893 an, das heißt in seinen Beiträgen zu der *Revue blanche*, gewinnt die Landschaftsbeschreibung an Bedeutung. Sowohl die Briefe Pauline de Gouvres' als auch das Prosastück »Présence réelle« zeugen von Prousts Auseinandersetzung mit dem Genre des Landschaftsbildes. Die Burgruine auf ihrem unerreichbaren und schwindelerregenden Felskamm, die Pauline de Gouvres auf ihrer Fahrt von Chur nach St. Moritz erblickt, und die reißenden Bergbäche in einer wilden Engadiner Landschaft aus »Présence réelle« weisen auf die traditionelle Vedutenmalerei zurück; die violetten Berge, die malvenfarbenen Hänge, die blaßblauen oder grünen Seen, die blauen Schatten, die blauen Gegenden rücken in ihrer Flächigkeit Proust in die Nähe der Nabis; in ihrer Farbigkeit weisen sie auf die ›modernen‹ Engadiner Landschaften Segantinis, Giacomettis, Hodlers oder Stoecklins voraus (Abb. VII). Segantini hat sich erst 1894 in Maloja niedergelassen; Giacometti beginnt um 1898 im Rahmen von verschiedenen Panoramenprojekten sich mit der Landschaft des Engadins auseinanderzusetzen, und Hodlers Aufenthalte im Engadin datieren von 1907 und 1909.[98]

Gedichtete Prosa

Poesie von Ortsnamen und Landschaftsbilder sind in Prousts Engadiner Impression nicht Selbstzweck. Natürlich gibt es in »Présence réelle« auch etwas, was man gemeinhin Inhalt nennt. Es gibt eine Handlung und eine Thematik, eine Folge von Szenen und ein Gefüge von Themen oder Motiven. Und dieser Inhalt wird auf eine ganze spezifische Art inszeniert, das heißt erzählt.

Ein Erzähler, den man analog zum ›Ich-Erzähler‹ einen ›Wir-Erzähler‹ nennen könnte, berichtet von den Erlebnissen eines Paares (»wir«) in einem verlorenen Dorf im Engadin und am Silsersee. Erst im zweiten Abschnitt tritt er als sprechende Instanz (»ich«) in Erscheinung, und dabei wird deutlich, daß die angesprochene Instanz (»du«) mit der geliebten Person des ersten Abschnitts identisch ist. Weshalb aber braucht man jemandem, der doch dabei war, ein Ereignis noch zu erzählen? Und wenn man es schon tut, dann müßte man doch eine Formel gebrauchen wie ›weißt du noch?‹ oder ›erinnerst du dich, wie wir ...?‹. Hier aber wird einfach erzählt (»Wir haben uns geliebt ...«), und im Augenblick, da das Ich sich an das Du wendet, heißt es dazu noch, dieses sei in jenem Jahr fern von ihm gewesen. Komplizierter geht es kaum, und die narrative Inszenierung unseres Prosastücks reiht sich würdig in die Reihe von Experimenten, die Proust in »Mélancolique Villégiature de Mme de Breyves« angestellt hat. Nachdem er es in den Entwürfen mit einer Rahmenerzählung versucht hat, wählte er für die Novelle schließlich einen Erzähler, der vier Kapitel lang die Geschichte von außen betrachtet, um dann plötzlich in dieser Geschichte selbst aufzutreten.[99] In seiner Engadiner Impression dagegen scheint plötzlich eine der handelnden Personen aus der Handlung zu verschwinden. Der Knoten entwirrt sich erst, wenn man begreift, daß es sich bei den handelnden Personen der Szene am Silsersee (»wir«) nicht um ein Paar, sondern um eine einzelne Person handelt, der eine andere Person in Gedanken so nahe ist, daß sie gleichsam gegenwärtig wird. In spielerischer, dem Mystizismus des Fin de siècle nahestehender Wiederaufnahme eines theologischen Begriffs nennt Proust dieses psychologische Phänomen »présence réelle«. Im theologischen Kontext bezeichnet Realpräsenz die wirkliche Gegenwart Christi beim Abendmahl. Davon ist bei Proust nichts übriggeblieben. Realpräsenz meint bei ihm das unablässige Denken an den anderen, wie er es mit seinen verliebten Frauenfiguren des Sommers 1893 vorgeführt hat, die Sehnsucht nach dem anderen, die zur Obsession wird und bis zur Halluzination gehen kann.

Szenerie und Thematik der Szene am Silsersee haben mit Literatur ebensoviel zu tun wie mit Prousts Ausflügen und Spaziergängen im Engadin. Der Sonnenuntergang, der Dichter am Ufer des Sees, die Vergegenwärtigung des geliebten Wesens, das Zusammenklingen zweier Seelen, das Zusammenklingen auch der Seele mit der Natur ... über Baudelaires Abendstimmungen und Lamartines Gedicht »Le Lac« hinaus klingen Chateaubriands Landschaftsbilder und Seelenlandschaften an und mit ihnen jenes ganze Repertoire von Themen, Motiven und Klängen, dem auch D'Annunzios *L'Innocente* (*L'Intrus*), Prousts aktuellster Leseeindruck, verpflichtet ist. So ist denn die Landschaft im Text nicht einfach ein Abbild der realen Wirklichkeit; mit ihren in die Tiefe gestaffelten Horizonten stellt sie auch die Wirklichkeit des Textes dar. Wenn aber die sinkende Sonne das Wasser alle Farbtöne und die Seele alle Wonnen durchlaufen läßt oder die Schmetterlinge wie ein lustvoller Bogen über die Seelen streichen oder die zum Klingen gebrachte Seele dem lautlosen Flug lauscht, einer Musik aus Zauber und Freiheit, so hat Proust den Bogen offensichtlich überspannt. Und wenn wir für einmal die Brille des Proust-Verehrers ablegen, um einen unvoreingenommenen Blick auf die Schmetterlingsszene am Silsersee zu werfen, so sehen wir plötzlich, wie so oft im Jugendstil, puren Kitsch. Wechseln wir aber noch einmal die Brille und betrachten den Text in literaturkritischer Perspektive, so erscheint uns der Kitsch in Prousts poetischer Prosa als pasticheartige Übersteigerung jener schöngeistig schulmeisterlichen beziehungsweise pfarrherrlichen Reiseliteratur, der sich ein Jakob Christoph Heer oder ein Camill Hoffmann befleißigten.[100]

Wenn wir nun auch den Inhalt von »Présence réelle« auf seinen autobiographischen Gehalt hin untersuchen, so müssen wir uns fragen: An wen hat Proust im August 1893 gedacht? Wer hatte in seinem Geist Realpräsenz? Gleichzeitig dürfen wir uns an Prousts Eintrag im Gästebuch auf Alp Sassal Masone erinnern. Wir fragen nun nicht mehr: Was bedeutet »A. G.«, sondern wer ist A. G.?

Der schwärmerische Bericht Prousts an Montesquiou über seine erste Begegnung mit der Gräfin Greffulhe am 1. Juli, der Nachhall dieses Ereignisses im Thema der letzten Soiree der Saison in »L'Indifférent«, »Mélancolique Villégiature« und im Briefroman sowie das anagrammatische Spiel mit dem Namen Greffulhe, den Proust in Fréhel verwandelt, legen es nahe, in der Buchstabenkombination A. G. eine Anspielung auf die Gräfin zu sehen. Ohne lange Umwege einzuschlagen, hat schon Kurt Wanner diese Vermutung geäußert. Es wäre höchstens einzuwenden, daß Mme. de Greffulhes Vorname, Élisabeth, nicht mit A beginnt, doch handelt es sich ja, wie der Text ausdrücklich sagt, lediglich um eine Anspielung. Warum aber A.? Wollte

Proust vielleicht neben G. für Greffulhe, die Königin des Faubourg Saint-Germain, auch ein Zeichen setzen, das auf eine der großen Damen aus seinem fiktiven Faubourg Saint-Germain weist, und steht A. für Alériouvres? Und darf man somit das Rätsel von Prousts kryptischem Eintrag als gelöst betrachten? Vielleicht tut man doch gut daran, sich nicht mit dieser etwas konstruierten Antwort zufriedenzugeben.

Betrachten wir für einen Augenblick die wenigen Nachklänge von Prousts Aufenthalt im Engadin. Es sind zwei Widmungen. »Mélancolique Villégiature de Mme de Breyves« erschien in der September-Nummer 1893 der *Revue blanche* mit folgender Widmung: »A Madame Meredith Howland en respectueux souvenir des lacs d'Engadine et particulièrement du lac de Silva Plana. Saint-Moritz, août 93.«[101] Und von den vier in der Dezember-Nummer derselben Zeitschrift erschienenen Studien trägt die letzte folgende Widmung: »A M. Clarence Barker, en souvenir de Saint-Moritz et de Chopin«.[102] Dazu kommen einige meist unbedeutende Hinweise in Prousts Briefen. Auf den im September aus Trouville an Robert de Billy geschriebenen Brief müssen wir allerdings kurz zurückkommen. Nach dem bereits zitierten Beginn des Briefs (s. S. 26) verbreitet sich Proust über eine klavierspielende Dame aus der Gesellschaft und über die Qual, sich für einen Beruf entscheiden zu müssen. Am Schluß des Briefes aber kommt er auf die Reise ins Engadin und an den Genfersee zurück:

»Ach, mein lieber Robert, Sie können sich ja vorstellen, welcher Gedanke mich während dieser schönen Reise die ganze Zeit verfolgt hat, der Gedanke an den, der uns so sehr liebte und nicht mehr unter uns ist, in dessen hellen Augen sich mit seltener Anmut Ironie und Zärtlichkeit, Glaube und Enttäuschung vermischten. Armer Edgar, ich machte mir das Vergnügen zum Vorwurf, das mir der Anblick des Genfersees bereitete, den er nicht mehr sehen konnte.«[103]

Während im Januar 1893 Prousts Gedanken bei Robert de Billy weilten, so fixierten sie sich im August auf den ein Jahr zuvor verstorbenen Edgar Aubert, zuerst im Engadin, wo sich Aubert mit Billy im Sommer 1892 aufgehalten hatte, dann am Genfersee, wo seine Heimatstadt lag. Das obsessionelle Andenken an den verstorbenen Freund hat in »Présence réelle« Form angenommen und, so können wir jetzt mit einiger Gewißheit sagen, im Gästebuch von Alp Sassal Masone eine Spur hinterlassen: A. steht für Aubert, G. für Greffulhe.[104]

Jedenfalls erklärt sich nun auch das Wagnerzitat. Das Motiv, das in »Mélancolique Villégiature de Mme de Breyves« den Geliebten fetischartig vergegenwärtigt, steht auch im Gästebuch von Sassal Masone als Zeichen für eine Obsession.

Soll nun auch der Schluß der Erzählung autobiographisch gedeutet werden? Berichtet er davon, wie Proust aufgehört habe, an Aubert oder die Gräfin Greffulhe zu denken? Wohl kaum. Vielmehr thematisiert das Umschlagen von Andenken in Vergessen, von Liebe in Gleichgültigkeit ein Problem, das Proust von jenem Sommer 1893 an immer wieder behandelt hat,[105] nämlich die Unberechenbarkeit des Gefühlslebens, wie sie ihm aus eigener Erfahrung und aus der Lektüre von Alfred Binets *Les Altérations de la personnalité* (1892) bekannt war.

So folgen denn auch in der Dezember-Nummer der *Revue blanche* auf »Présence réelle« drei weitere Studien Prousts zu den unvorhersehbaren Ereignissen des Gefühlslebens, den unerklärlichen Veränderungen der Persönlichkeit. »Avant la Nuit«,[106] die erste explizite Thematisierung von Homosexualität in Prousts Werk, erklärt die lesbische Liebe der Protagonistin als Folge einer »nervösen Veränderung« (»une altération nerveuse«), einer ausschließlich nervös bedingten Veränderung der Persönlichkeit, die als solche keine moralische Relevanz haben kann; »Souvenir«[107] beschreibt einen überwältigenden, durch ein Parfüm hervorgerufenen Sinneseindruck; »Rêve«[108] berichtet von einem Traum, der den bewußten Gefühlen des Träumenden gegenüber der geträumten Person völlig entgegensteht, in der Folge aber diese Gefühle verändert.

Mit dem Hinweis auf Inspirationsquellen (Binet), dem Nachweis von Zitaten (Wagner) und der Entzifferung einer kryptischen Buchstabenkombination (Aubert, Greffulhe) erfüllt der Kritiker zwar eine wichtige Aufgabe, geht aber doch vielleicht am Wesentlichen vorbei. Das Wagnerzitat kann als eine Art von Ordnungsruf gelesen werden, als eine Ermahnung an den Interpreten. Die deutschen Schriftzüge sind entziffert, das Zitat ist erkannt, der Zusammenhang zu ›Proust 1893‹ ist hergestellt, weshalb aber begleitet Wagner Proust wie ein Signet durch sein literarisches Schaffen und auf seinen Exkursionen im Gebirge?

Für den Symbolismus und das Fin de siècle steht Wagner als Symbol jener Kunst, die im schopenhauerschen Sinn dem Gefühl am unmittelbarsten Ausdruck geben kann und die am unmittelbarsten auf unsere Gefühle wirkt, nämlich die Musik. Weil er es darin der Musik gleichtun möchte, experimentiert Proust in »Mélancolique Villégiature de

Mme de Breyves« mit leitmotivischer und klangmalerischer Schreibtechnik und meditiert er in »Présence réelle« über den Klang von Namen. Jenseits vom begrifflich Definierten sollen auch in der Sprache Klänge und Rhythmen auf den Leser wirken und ihm die innere Welt des Gefühls eröffnen.

Ähnliches gilt für Prousts Landschaftsbilder. Wenn sich am Silsersee »in der Tiefe der hintereinanderliegenden Ebenen die Sanftheit der Lichttöne« vervielfacht oder sich im Puschlav hinter malvenfarbenen Hängen eine blaue Gegend, eine schimmernde Straße auf Italien zu öffnet, so handelt es sich immer auch um Landschaften der Seele. Es ist jener innere Raum, der – wie es Binet in *Les Altérations de la personnalité* ausführt – aus einer Vielzahl von übereinandergelagerten Schichten besteht, die bald in Vergessenheit versinken, bald vor dem inneren Auge wiederauftauchen können. Später hat Proust dieses Phänomen mit dem ursprünglich pathologischen Begriff der »intermittences du cœur« bezeichnet. In seinen Texten für *La Revue blanche* beginnt Proust 1893 mit Hilfe Wagners und Baudelaires diesen Raum auszumessen.

»... *das Raunen der durchmessenen Räume*«

Wenn wir am Ende die Perspektive von ›Proust 1893‹ aufgeben und die abgestuften Licht- und Farbtöne der hintereinanderliegenden Bergketten und Hügelzüge in Prousts Engadiner Impressionen aus der Ferne betrachten, so erscheinen uns diese ihrerseits als Bestandteile einer in die Tiefe gestaffelten Folge von Landschafts- und Seelenbildern, von denen wir abschließend einige betrachten wollen.

In der Vorrede zu seiner 1904 erschienenen Übersetzung von Ruskins *Bibel von Amiens* erklärt Proust seine kommentatorischen Prinzipien und unterscheidet dabei zwischen einem Lesergedächtnis, das auf vom Kommentator gelieferten Zitaten beruht, und einem solchen, das sich in eigener Lektüre herangebildet hat:

> So habe ich angestrebt, den Leser gleichsam mit einem improvisierten Gedächtnis zu versehen, in dem ich Erinnerungen an andere Bücher von Ruskin niedergelegt habe – eine Art Resonanzkörper, in dem die Worte der *Bibel von Amiens* einen Widerhall finden, ein brüderliches Echo erwecken können. Doch werden den Worten der *Bibel von Amiens* diese Echos wohl nicht in der Weise antworten, wie es in einem Gedächtnis geschieht, das sich selbst herangebildet hat, aus jenen unterschiedlich entfernten Horizonten, die unseren Blicken gewöhnlich verborgen sind und deren unterschiedliche Entfernung unser Leben selbst Tag für Tag ins Maß setzte. Sie

werden, um sich dem gegenwärtigen Wort zuzugesellen, dessen Ähnlichkeit sie angezogen hat, nicht den zarten Widerstand jener zwischengeschobenen Atmosphäre zu durchdringen haben, die so ausgedehnt wie unser Leben ist und die ganze Poesie des Gedächtnisses ausmacht.[109]

Wie in den zehn Jahre zuvor entstandenen Erzählungen und Prosagedichten sind es hier, im kritischen Kontext, musikalische und malerische Metaphern (»Resonanzkörper«, »Horizonte«) sowie baudelairesche Reminiszenzen (»brüderliches Echo«), die den inneren Raum anschaulich machen. Die valorisierende Gegenüberstellung einer künstlichen und einer authentischen Leseerfahrung (eines »improvisierten Gedächtnisses« und der »Poesie des Gedächtnisses«) wird in den Vorbehalten, die Proust im Vorwort seiner zweiten Ruskin-Übersetzung, *Sésame et les lys* (1906), gegenüber dem Lesen überhaupt formuliert hat, wiederaufgenommen und radikalisiert. Nun geht es nicht mehr darum, zwei Arten von Lesen, sondern Lesen und Schreiben gegeneinander auszuspielen: »Das Lesen liegt an der Schwelle des geistigen Lebens; es kann uns darin einführen, aber es ist nicht dieses Leben.«[110] Diese These spricht auch von Prousts eigenem Schaffen und vom Verhältnis zwischen Kritik und Literatur.

Wenig später wird Proust die Schwelle zur Literatur (zum wahren geistigen Leben, zur wahren Poesie des Gedächtnisses) überschreiten. Zuerst mit einem eigentlichen Schwellentext, dem 1908 begonnenen Entwurf einer Widerlegung von Sainte-Beuves Methode, in dem Proust in Opposition zu Sainte-Beuves oberflächlicher Auffassung von Literatur die schöpferische Tätigkeit in der Tiefe des inneren Ich begründet; dann (1909) mit einem immer noch »Sainte-Beuve« betitelten Roman, der, wie später auch die *Recherche*, mit einer Situation beginnt, die eine eigentliche

Inszenierung des von Sainte-Beuve ignorierten inneren Lebens darstellt. Zum Zeitpunkt, da er sich nach einem Verleger umsieht (1912), nennt Proust seinen Roman dann aber »Les Intermittences du cœur«.

Im pathologischen Sinn bedeutet »intermittences du cœur« Herzflimmern; Proust jedoch verwendet den Begriff im übertragenen Sinn und meint damit die ständigen Veränderungen (man denkt an Binets »altérations de la personnalité«), jenen unregelmäßigen und unvorhersehbaren Verlauf des Gefühlslebens, den sein Roman vornehmlich am Thema der Erinnerung veranschaulicht. Im speziellen aber bezeichnet Proust mit dem Begriff der »intermittences du cœur« zwei Episoden aus *Sodome et Gomorrhe*, in denen der Romanheld von einer unwillkürlichen Erinnerung schmerzlich getroffen wird. In der ersten dieser Episoden geht es um den Augenblick, in dem sich Marcel bei seinem zweiten Aufenthalt in Balbec plötzlich an seine Großmutter erinnert und dabei erst wirklich erfährt, daß er sie für immer verloren hat; in der zweiten um jenes Gespräch am Ende dieses Aufenthalts, in dem Marcel erfährt, Albertine sei mit Mademoiselle Vinteuils Freundin eng vertraut, und dabei ebenso plötzlich von einer schrecklichen Erinnerungsvision heimgesucht wird. Auch hier zeigt Proust die Überlagerungen und die plötzlichen Brüche des Gefühlslebens im Bild: zuerst in einem Porträt der Mutter, hinter dem unvermittelt das Antlitz der Großmutter aufscheint, dann in einer Ansicht der Küste von Balbec, an deren Horizont sich im Licht der aufgehenden Sonne das schreckliche Erinnerungsbild fixiert hat. Und auch hier stellt das Landschaftsbild Bezüge her, die mit Literatur zu tun haben. Es sind jedoch nicht wie bei der Szene am Silsersee Bezüge, die aus dem Werk hinausweisen (auf Baudelaire), sondern nur Bezüge auf das Werk selbst. Wie Marcel sich an verschiedene Erlebnisse seines Lebens erinnert, so erinnert sich der Leser gegen den »zarten Widerstand« und durch die »zwischengeschobene Atmosphäre« des ganzen bereits gelesenen Textvolumens hindurch an »unterschiedlich entfernte Horizonte« des Werks, an die Szene in Montjouvain aus *Du côté de chez Swann*, an die Szenen mit Marcels Großmutter und die Spiele mit den jungen Mädchen in *À l'ombre des jeunes filles en fleurs* oder die Episoden mit Albertine aus *Le Côté de Guermantes* und *Sodome et Gomorrhe*. Der Sonnenaufgang über der Bucht von Balbec beschließt diesen Band und damit auch jenen Romanteil, der thematisch um die »intermittences du cœur« kreist.

Während der Drucklegung des ersten Bandes im Sommer 1913 hat Proust seinem Roman den endgültigen Titel gegeben. »Les Intermittences du cœur« wies sehr speziell auf ein einzelnes Thema und auf einen bestimmten Teil der Handlung, während »À la Recherche du temps perdu« die Thematik des Werks in einem viel umfassenderen Sinn ankündigt: die Erinnerungsphantasien in der Ouvertüre, die traumatische Erinnerung an die Stunde des Zubettgehens in Combray oder die euphorische Erinnerungsekstase in der Madeleine-Episode.

In dieser wohl beruhmtesten Episode der *Recherche* zeigt Proust die Tiefe des inneren Raums nicht wie in »Présence réelle«, im Vorwort zu *La Bible d'Amiens* oder in dem Sonnenaufgang über der Bucht von Balbec am Ende von *Sodome et Gomorrhe* im Bild hintereinanderliegender Bergketten und Horizonte, sondern in vertikaler Schichtung:

> [...] Dann schaffe ich ein zweites Mal völlige Leere um ihn [meinen Geist], ich stelle ihm den noch ganz frischen Geschmack jenes ersten Schlucks gegenüber und spüre, wie etwas in mir sich zitternd regt und verschiebt, wie es sich zu erheben versucht, als ob etwas sich in großer

Tiefe vom Ankertau gelöst hätte; ich weiß nicht, was es ist, doch langsam steigt es in mir empor; ich spüre den Widerstand und höre das Raunen der durchmessenen Räume.
Sicherlich muß das, was auf dem Grund meines Ich in Bewegung geraten ist, das Bild, die visuelle Erinnerung sein, die zu diesem Geschmack gehört und die nun versucht, mit jenem bis zu mir zu gelangen. Doch sie müht sich in zu großer Ferne und nur allzu schwach erkennbar ab; kaum nehme ich einen gestaltlosen Lichtschein wahr, in dem sich der ungreifbare Wirbel der Farben vermischt und verliert; ich kann aber die Form nicht unterscheiden, nicht von ihr als dem einzig möglichen Dolmetscher erbitten, daß sie mir die Aussage ihres Begleiters, ihres unzertrennlichen Gefährten, des Geschmacks, übersetzt, sie nicht fragen, um welche Begebenheit, um welche Epoche der Vergangenheit es sich handelt.
Wird sie bis an die Oberfläche meines klaren Bewußtseins gelangen, diese Erinnerung, jener Augenblick von einst, der nun plötzlich durch die Anziehungskraft eines identischen Augenblicks von so weit her in meinem Innersten erregt, bewegt und emporgehoben wird? Ich weiß es nicht. Jetzt fühle ich nichts mehr, er ist zum Stillstand gekommen, vielleicht in die Tiefe geglitten; wer weiß, ob er je wieder aus seinem Dunkel emporsteigen wird? Zehnmal muß ich es wieder versuchen, mich zu ihm hinunterbeugen. Und jedesmal rät mir die Trägheit, die uns von jeder schwierigen Aufgabe, von jeder bedeutenden Leistung fernhalten will, das Ganze auf sich beruhen zu lassen, meinen Tee zu trinken im ausschließlichen Gedanken an meine Kümmernisse von heute und meine Wünsche für morgen, die ich unaufhörlich und mühelos in mir bewegen kann.
Und mit einem Mal war die Erinnerung da. [...][III]

Was aus der Tiefe des inneren Raums aufsteigt, ist die Erinnerung an Combray; nicht die dysphorisch einengende Erinnerung an das Drama des Zubettgehens, sondern die Erinnerung an Tante Léonies Lindenblütentee und das darin aufgeweichte Madeleine-Biskuit, eine euphorische Erinnerung, die sich unmittelbar auf die ganze Welt von Combray ausdehnt. Die Gründe dafür sind nicht biographischer, sondern ästhetischer Natur. Nach Prousts Plan soll nämlich sein Roman – nach einer kurzen Ouvertüre – als eine Art Kindheits- oder Provinzroman beginnen. Der erste Ort der Handlung, das Provinzstädtchen Combray, wird in zwei kontrastierenden Handlungssequenzen gezeigt, die kunstvoll miteinander verbunden sind, eben durch die Madeleine-Episode. Die späteren Handlungsorte werden am Schluß der Ouvertüre expositorisch aufgezählt: Balbec, Paris, Doncières, Venedig.

In *Jean Santeuil*, dem unvollendeten Roman aus den Jahren 1895–1899, hat Proust zwar weitere Handlungsorte erprobt, die Bretagne, den Genfersee oder Bad Kreuznach, doch vom Engadin ist nach den Texten aus dem Jahr 1893 nirgends mehr die Rede.

Wer sich aber einmal mit ›Proust im Engadin‹ beschäftigt hat, der atmet manchmal auch in der *Recherche* plötzlich Engadiner Luft, insbesondere in zwei Szenen aus dem Band *Guermantes*, die wir abschließend betrachten. Die erste spielt im Hotel de Flandre in Doncières, wo sich Marcel (Proust) beim Hinauf- und Hinabsteigen der Treppen an einen »Kurort in den Alpen« erinnert:

> Wenn ich ausgehen oder heimkehren wollte, ohne den Lift zu benutzen oder auf der Haupttreppe gesehen zu werden, bot mir eine kleine, private, nicht mehr benutzte Stiege ihre Stufen dar, die so geschickt aneinandergefügt waren, daß sie in ihrer dichten Staffelung jene

vollkommene Proportion aufzuweisen schienen, die oftmals in der Sphäre der Farben, der Düfte, der Geschmackswahrnehmungen eine ganz besondere Art von sinnlichem Genuß in uns auszulösen vermag. Um aber die Lust am bloßen Hinauf- und Hinabsteigen kennenzulernen, hatte ich hierherkommen müssen, wie ein andermal an einen Kurort in den Alpen, um zu merken, daß der gewöhnlich gar nicht beachtete Vorgang des Atmens unendlich genußreich sein kann.[112]

Auf ›Proust im Engadin‹ weist diese schöne Passage nicht nur wegen der Anspielung auf einen Kurort in den Alpen. Auch die kleine Stiege hat etwas mit Prousts Engadiner Texten zu tun. Mit den Stufen, die so geschickt aneinandergefügt sind, daß sie in ihrer dichten Staffelung eine vollkommene Proportion aufweisen, bildet sie – im Genre des Interieurs – eine Entsprechung zu den Landschaften, den Bildern des Silsersees oder des Puschlavs mit den hintereinanderliegenden, abgetönten Bergketten und Hügelzügen sowie den in die Tiefe gestaffelten Horizonten. Die kleine Stiege gehört zwar einer bescheideneren Gattung an als die großartigen Gebirgslandschaften; trotzdem ist sie wie diese ein perfektes Bild für Prousts Text und für sein Werk, in der dichten Staffelung seiner Teile, seiner Sätze, seiner Themen. In gleicher Weise kann der durch Farben, Düfte oder Geschmackswahrnehmungen ausgelöste sinnliche Genuß über die *Recherche* hinaus auf die Themen bezogen werden, mit denen sich Proust im Sommer 1893 beschäftigt hat.

Wie die Erinnerung an einen Kurort in den Alpen hat Proust an einer späteren Stelle in *Guermantes* die Erinnerung an Doncières auf einer Treppe inszeniert. Es handelt sich um den Beginn jener zentralen Erinnerungsszene, in der Marcel die verschiedenen Orte und Zeiten seines Lebens miteinander vergleicht, ihre Ähnlichkeiten und Unterschiede ermißt und dabei beinahe zu den Einsichten gelangt, die ihm doch – gemäß Prousts Plan – erst am Ende der *Recherche* in der *Wiedergefundenen Zeit* zuteil werden sollen. Hätte sein Freund, Robert de Saint-Loup, Marcel nicht zu einem Diner unter Freunden mitgenommen, so wäre die *Recherche* wohl vorzeitig zu Ende gegangen.[113] Die Erinnerung Marcels an Doncières ist an dieser Stelle auch eine Erinnerung Prousts an das Engadin.

> Wir brachen gemeinsam zum Abendessen auf, und während wir die Treppe hinuntergingen, dachte ich an Doncières zurück, wo ich mich jeden Abend mit Robert im Restaurant traf, und an die kleinen vergessenen Speisesäle. Vor allem aber mußte ich an einen denken, an den ich mich nie wieder erinnert hatte, einen Raum nicht in dem Hotel, in dem Saint-Loup gewöhnlich zu Abend aß, sondern in einem weit bescheideneren, einem Mittelding zwischen Gasthof und Familienpension, in dem man von der Wirtin und einem Serviermädchen bedient wurde. Ein Schneetreiben hatte mich dort festgehalten. Im übrigen aß Robert an dem betreffenden Abend sowieso nicht im Hotel, und ich hätte nicht noch weitergehen wollen. Man brachte mir die Speisen nach oben in ein ganz und gar mit Holz getäfeltes Gemach. Die Lampe ging während des Essens aus, und die Magd zündete zwei Kerzen für mich an. Ich tat so, als sehe ich nicht gut, und als ich ihr meinen Teller reichte, auf den sie mir die Kartoffeln tat, führte ich ihr mit der Hand den nackten Unterarm. Als ich sah, dass sie nicht zurückzuckte, streichelte ich ihn, zog sie, ohne ein Wort zu sagen, ganz an mich heran, blies die Kerze aus und schlug ihr vor, mich nach Geld zu durchsuchen. Wäh-

rend der folgenden Tage schien mir für Liebesfreuden nicht nur diese Magd, sondern auch das entlegene, holzgetäfelte Speisezimmer unerläßlich zu sein.[114]

Als Conradin von Flugi von Aspermont im März 1906 ein Abschiedsfest für das Hotel Post-Veraguth veranstaltete, das demnächst abgebrochen werden sollte, und für diesen

20. *Abschied vom Veraguth.*
Oben rechts die holzverkleidete Stüva;
unten links das Haus Buob mit dem Restaurant Rhätier;
unten rechts die leicht heruntergekommene Fassade
des Veraguth.

Anlaß ein Erinnerungsblatt drucken ließ (vgl. Abb. 20), ahnte er wohl kaum, daß die »Erinnerung ans alte Veraguth« in einem der größten Romane des damals eben angebrochenen zwanzigsten Jahrhunderts weiterleben sollte. Ebenso ahnungslos war er wohl in bezug auf die schöne ›Stüva‹ im ersten Stock.

Auch die Proust-Forschung hatte bisher keine Ahnung von den autobiographischen Implikationen der Erinnerung Marcels an einen Abend in Doncières. Von nun an kann sie aber das »Mittelding zwischen Gasthof und Familienpension« in Doncières mit einem ganz bestimmten Modell, nämlich dem Hotel & Pension Veraguth in St. Moritz in Verbindung bringen. Das Modell jener Szene dagegen, die Proust in dem »getäfelten Gemach« dieses Hauses spielen läßt, entzieht sich wohl für immer dem neugierigen, indiskreten Blick des Biographen.

ANMERKUNGEN

1 Kurt Wanner, *Der Himmel schon südlich, die Luft aber frisch. Schriftsteller, Maler, Musiker und ihre Zeit in Graubünden 1800–1950*, Chur, Verlag Bündner Monatsblatt, 1993.
2 Der Blick des Graphologen bestätigt die Annahme. Wir danken Herrn Dr. Urs Imoberdorf für seine wertvolle Mithilfe. Kurrentschrift gehörte im 19. Jahrhundert zum ordentlichen Lehrstoff des Deutschunterrichts. Daß Proust bei seinen notorisch bescheidenen Fremdsprachekenntnissen den Bleistift seinem Freund überließ, ist nicht erstaunlich.
3 Vgl. das aufschlußreiche Werk von Marcella Maier und Silvio Margadant: *St. Moritz – Streiflichter auf eine aussergewöhnliche Entwicklung*, St. Moritz, Verlag Walter Gammeter, 1993.
4 Jean-Yves Tadié, *Marcel Proust*, Paris Gallimard, 1996, S. 207 und Frankfurt am Main, Suhrkamp, 2008, S. 219.
5 »Die mittleren u. kleineren, oft recht eleganten Häuser, deren Zahl zur Legion anwächst, sind in der Regel wohl eingerichtet, hübsch geleg. u. gut bedient. In vielen Pensionen u. in den sogen. Villen u. ›Maisons‹ (meistens einfache Häuser) wird nur Frühstück u. Abendessen mit Thee serviert. Mehrere große u. kleinere Etablissements sind auch für den Winter eingerichtet.« Aus Iwan von Tschudis Reisetaschenbuch: *Der Turist in der Schweiz*, zweiunddreißigste, neu bearbeitete Auflage, Zürich, Orell Füssli, 1892, S. 431.
6 Nathalie de Saint-Phalle (*Hôtels littéraires*, Paris, Quai Voltaire, 1991, S. 426) glaubt, Proust habe in der Alpenrose in Sils-Maria logiert. Wanner folgt dieser wohl auf literarischem Wunschdenken beruhenden Ansicht. Bei Anne Borrel (*Voyager avec Marcel Proust*, Paris, La Quinzaine littéraire, 1994) ist Proust korrekt im Veraguth untergebracht.
7 Zur Geschichte des Neuen Posthotels vgl. Milotta und Curdin Regi-Spiess: *75 Jahre Neues Posthotel St. Moritz, 1908–1983*, Samedan 1983. Das Kulturarchiv Oberengadin in Samedan besitzt wertvolles Material zum Abschiedsfest für das »alte Veraguth«.

8 Wir danken dem Centre d'Archives der SNCF und dessen Direktor, M. C. Perrot, für die freundlichen Auskünfte.
9 Johanna Spyri, *Schloß Wildenstein. Eine Geschichte für Kinder und auch für solche, welche die Kinder lieb haben*, Gotha, Friedrich Andreas Perthes, 1892.
10 *Illustriertes Posthandbuch. Die schweizerischen Alpenpässe und die Postkurse im Gebirge*, 1893, S. 176–77.
11 Aus Pfr. Camill Hoffmann, *St. Moritz-Bad*, Zürich, Orell Füssli, »Europäische Wanderbilder« 236/237, 1895, 6–7.
12 *Correspondance de Marcel Proust*, Paris, Plon, 1970–1993 (21 Bände), Bd. I, S. 208.
13 Ibid., S. 222.
14 Ibid., S. 226. Die Fürstin von Leon hat im Sommer 1992 im Hotel & Pension Suisse am Postplatz logiert. 1893 ist sie dagegen im *Fremdenblatt* nicht nachgewiesen.
15 Ibid., Bd. IV, S. 416.
16 Ibid., S. 418.
17 Ibid., Bd. I, S. 228.
18 Ibid., Bd. IV, S. 420.
19 Ibid., Bd. I, S. 233.
20 Vgl. George Painter, *Marcel Proust*, Frankfurt am Main, Suhrkamp, 1962/1968 (2 Bände). Weder Ghislain de Diesbachs *Proust* (Paris, Perrin, 1991) noch Roger Duchênes *L'Impossible Marcel Proust* (Paris, Laffont, 1994) haben Painters Standardwerk eigentlich ersetzt.
21 Painter, *op. cit.*, Bd. I, S. 215.
22 Vgl. die von Kolb zusammengestellten biographischen Daten in *Correspondance*, Bd. I, S. 70; Michel Erman, *Marcel Proust*, Paris, Fayard, 1994, S. 54; Diesbach, *op. cit.*, S. 157; Philippe Michel-Thiriet, *Das Marcel Proust Lexikon*, Frankfurt am Main, Suhrkamp, 1992, S. 132.
23 Vgl. Mark Twain, *A Tramp Abroad* (1880), Kap. 28: »Climbing the Rigi«; und Alphonse Daudet, *Tartarin sur les Alpes* (1885). Letzteres beginnt mit der mißglückten Bewunderung des Sonnenunterganges auf Rigi-Kulm.
24 Tadié, *op. cit.*, S. 207 und S. 219.
25 Vgl. Camill Hoffmann, *op. cit.*, S. 15.
26 Wanner verweist auch auf das Werk von Henry M. Acton,

L'Engadine – Promenades alpestres (Briane-Le-Comte, 1885), in dem der Piz Languard als »Righi de l'Engadine« und »Righi grison« bezeichnet wird.
27 *Correspondance*, Bd. VI, S. 188.
28 *Correspondance*, Bd. I, S. 309.
29 Painter, *op. cit.*, Bd. I, S. 266.
30 Mit diesem Halbvers (»Enfin Malherbe vint«) verkündet Boileau in seinem *Art poétique* den Beginn einer neuen Epoche in der französischen Dichtung.
31 É. de Clermont-Tonnerre, *Robert de Montesquiou et Marcel Proust*, Paris, Flammarion, 1925, S. 21–26.
32 Eines seiner Lieblingsthemen waren die (in der *Recherche* auch von Charlus geliebten) Novellen Balzacs.
33 *Correspondance*, Bd. IX, S. 59 und 65.
34 »Marcel in my youth«, *Adam International Review* 310 (1966), S. 52.
35 Alain Buisine, *Proust. Samedi 27 novembre 1909*, Éditions Jean-Claude Lattès, 1991.
36 Wertvolle Hinweise zu ›Proust 1893‹ finden sich auch in Mariolina Bongiovanni Bertini, *Proust e la teoria del romanzo*, Torino, Bollati Boringhieri, 1996.
37 *Correspondance*, Bd. I, S. 195.
38 Ibid., S. 197.
39 Ibid., S. 199.
40 In Prousts Erstlingswerk, *Freuden und Tage*, haben diese Bilder, Themen und Texte zahlreiche Spuren hinterlassen.
41 *Correspondance*, Bd. I, S. 205.
42 Ibid., S. 212–213.
43 *Correspondance*, Bd. I, S. 214.
44 Vgl. Prousts Chronik »Fliederhof und Rosenatelier. Der Salon von Madame Madeleine Lemaire«, *Essays*, S. 209.
45 *Correspondance*, Bd. I, S. 217.
46 Ibid., S. 222.
47 Beispielsweise »Wahnfried«, ein Fantasiestück über Wagnersche Themen, oder »Intervalle« und »Schloß«, Gedichte auf die Lustschlösser Fantaisie und Ermitage. Über das Schlößchen Fantaisie hat Proust viele Jahre später ein eigenes Fantasiestück geschrieben. Vgl. *Guermantes*, S. 751, Anm. 1.

48 Vgl. Anne de Cossé Brissac, *La Comtesse de Greffulhe*, Paris, Perrin, 1991, S. 173.
49 Ibid., S. 173–174. Wir folgen den Angaben der Biographin, obwohl die Gräfin in den von Lavignac zusammengestellten Besucherlisten nicht erwähnt wird und obwohl Cossés Datierungen nicht immer einwandfrei sind.
50 Im April 1890 wurde ein erster Aufruf zur Subskription lanciert: »Eine Gruppe von Franzosen appelliert an die Gefühle des künstlerischen Patriotismus in Paris. Es handelt sich um eine Vereinigung, deren Ziel es ist, 1. große Aufführungen von Werken alter und neuer Komponisten zu organisieren, 2. ein Zentrum für französische Komponisten zu schaffen, um sicherzustellen, daß die Uraufführung ihrer Werke, die jetzt allzuoft im Ausland erfolgt, in unserem Land stattfindet.«
51 *Correspondance*, Bd. I, S. 224.
52 Édouard Noël/Edmond Stoullig, *Les Annales du théâtre et de la musique (1893)*, Paris, Charpentier, 1894, S. 50.
53 Tadié, *op. cit.*, S. 212 und S. 224.
54 *La Revue blanche* 21–22 (Juli/August 1893). Vgl. *Freuden und Tage*, S. 70–73. Die deutschen Werke Prousts sind hier zitiert nach der Frankfurter Ausgabe, Suhrkamp Verlag, 1988–2007 (14 Bände).
55 Nicht unähnlich jenem anderen Gesamtkunstwerk im Fin-de-siècle-Stil, das Proust drei Jahre später mit seinem Erstlingswerk vorgelegt hat. Die Erstausgabe von *Freuden und Tage* ist mit Illustrationen von Madeleine Lemaire verziert und enthält einige Partituren von Reynaldo Hahn. Eine dem Original nachgebildete Ausgabe in deutscher Übersetzung erschien 1988 im Suhrkamp Verlag.
56 *Correspondance*, Bd. I, S. 221.
57 Saussine hat 1889 die Festspiele in Bayreuth besucht. Vgl. Lavignac, *op. cit.*, S. 557.
58 *Essays*, S. 72. Der Text erschien im Juli 1893 im *Gratis-Journal*, dem Anzeige-Magazin des Verlags Ollendorff.
59 Man könnte auch versucht sein, jene »ungewöhnlichste Schönheit, die sich […] wie ein lebendiger Whistler abzeichnete«, mit der Gräfin Greffulhe zu identifizieren, wenn die Chronologie der Ereignisse dies nicht verbieten würde. Als Proust am 5. Juli

den Grafen Saussine bat, ihm eine Studie widmen zu dürfen, deren Druckfahnen er bald zurückschicken sollte, lag seine erste Begegnung mit der Gräfin Greffulhe nur vier Tage zurück. Er hätte zwar noch Zeit gehabt, einen Zusatz anzubringen, doch steht die fragliche Passage bereits im Manuskript; sie wurde also vor dem 1. Juli geschrieben.

60 Vgl. Antoine Bertrand, »Une version inédite de l'article de Marcel Proust: ›La simplicité de Monsieur de Montesquiou‹«, *Romanic Review* LXXXI (1990), S. 66–87.
61 Zur Wiederentdeckung dieses Textes vgl. Philip Kolbs Vorwort in Marcel Proust, *Der Gleichgültige*, Frankfurt am Main, Suhrkamp 1984.
62 *Freuden und Tage*, S. 243.
63 Für eine Analyse der musikalischen Verfahrensweisen in »Mélancolique Villégiature« vgl. Verf., *Proust lesen*, Frankfurt am Main, Suhrkamp, 1991.
64 *La Revue blanche* 23 (August 1893), S. 164–165. Vgl. *Freuden und Tage*, S. 309–310.
65 *Freuden und Tage*, S. 103.
66 Das Zitat stammt aus der Flieder-Arie des Hans Sachs (*Die Meistersinger von Nürnberg*, 2. Aufzug, 3. Szene).
67 Unter diesem Pseudonym hatte Gregh schon in *Le Banquet* Gedichte publiziert.
68 Marcel Proust, *Écrits de jeunesse*, Institut Marcel Proust International, 1991, S. 233.
69 *Correspondance*, Bd. IV, 418.
70 Ibid., S. 420.
71 Ibid., S. 414.
72 *Freuden und Tage*, S. 220.
73 *Freuden und Tage*, S. 265.
74 *Correspondance*, Bd. IV, S. 416.
75 *Freuden und Tage*, S. 270.
76 Den Hinweise auf die auch in anderem Zusammenhang wesentliche Bedeutung Barbey d'Aurevillys verdankt die Forschung Brian Rogers. Vgl. auch J.-Y. Tadié, *op. cit.*, S. 210 und S. 222.
77 Jules Amédée Barbey d'Aurevilly, *Œuvres romanesques complètes*, Paris, Gallimard, »Bibliothèque de la Pléiade«, 1964–1966 (2 Bde.), Bd. II, S. 370.

78 Ibid., S. 368.
79 *Freuden und Tage*, S. 105.
80 Ibid., S. 256.
81 Ibid., S. 271–272.
82 Ibid., S. 272–274.
83 Zu Prousts Umfeld und Segantini vgl. den aufschlußreichen Katalogbeitrag von Günter Metken, »Von Montesquiou bis Beuys«, in *Giovanni Segantini*, Kunsthaus Zürich, 1990.
84 Erschienen in *Altesses Sérénissimes*, Paris, Librairie Félix Juven, 1907.
85 *Correspondance*, Bd. XVIII, S. 468–469.
86 *La Revue blanche* 26 (Dezember 1893), S. 377–380. Vgl. *Freuden und Tage*, S. 183–187.
87 Heers bekanntestes Werk ist: *Der König der Bernina. Roman aus dem schweizerischen Hochgebirge*, Stuttgart, Cotta, 1900.
88 Jakob Christoph Heer, *Streifzüge im Engadin*, Frauenfeld, Verlag J. Huber, 1893, S. 90–91.
89 M. Caviezel, *Das Oberengadin – Ein Führer auf Spaziergängen, kleinen und grossen Touren*, 5. vermehrte und verbesserte Auflage, Chur, Druck der Offizin Sprecher & Plattner, 1886, S. 224.
90 Caviezel, *op. cit.*, S. 225.
91 K. Baedeker, *La Suisse*, Leipzig, 1889, S. 429.
92 Heer, *op. cit.*, S. 106–110.
93 Die Engländerin Mrs E. Main war eine Pionierin des Alpinismus und auch der Photographie. So wird in der *Engadiner Post* vom 22. August 1895 nicht nur von politischen und gesellschaftlichen Ereignissen berichtet (der Feier bei Anlaß des Geburtstags seiner Majestät des Kaisers von Oesterreich oder einem Benefizkonzert unter dem Patronat ihrer kaiserlichen Hoheit Herzogin Wera von Württemberg, beides im Kurhaus St. Moritz-Bad), es figurieren in dieser Chronik auch die Größen der Amateurphotographie, u. a. Mrs Main, der St. Moritzer Pastor Camill Hoffmann, den wir bereits als Literaten kennen, oder der in Genua tätige Engadiner Zuckerbäcker Angelo Klainguti, dessen Geschäft noch heute zu den Attraktionen der Stadt gehört: »Bei der Amateur-Konkurrenz anläßlich der Ausstellung der Sektion Bernina S. A. C., welche von den Fachphotographen Guler und Salzborn beurteilt wurde, erhielt den 1. Preis

Herr Pfr. *Camill Hoffmann*, den 2. Herr *Angelo Klainguti* in Genua, den 3. Herr *v. Schumacher* in Luzern, den 4. Herr *Hermann Tanner*, Samaden, den 5. Herr Ingenieur *Wehr*, Nürnberg, den 6. Herr *Lansel*, Sent. Miss Main empfing für ihre ausgezeichneten Leistungen, die weit über Amateurarbeiten emporragen, einen Ehrenpreis.«

94 Vgl. André Oeschger, *Mondanität und Dekadenz. Intertextuelle Filiationen in Marcel Prousts* Les Plaisirs et les Jours, Bern, Lang, 1992, S. 55–60.

95 Vgl. Detlev Brüning, »Die Funktion der Personennamen in Marcel Prousts ›La mort de Baldassare Silvande‹«, *Archiv für das Studium der neueren Sprachen und Literaturen* 211 (1974), S. 350–361.

96 Auch von dem um die Jahrhundertwende beliebten Ausflugsrestaurant hoch über dem Campfèrersee sind nur noch die Grundmauern übriggeblieben. Crestalta ist die frühere Bezeichnung für Punkt 1903. Der Moränenhügel heißt heute Crastatscha.

97 Marcel Proust, *Écrits de jeunesse*, Institut Marcel Proust international, 1991.

98 *Das Engadin Ferdinand Hodlers und anderer Künstler des 19. und 20. Jahrhunderts*, Bündner Kunstmuseum Chur/Segantini Museum St. Moritz, 1990.

99 Zur Erzählstruktur von »Mélancolique Villégiature« vgl. Verf., *Proust lesen*, S. 69–71; die fraglichen Entwürfe finden sich in *Freuden und Tage*, S. 306–308.

100 Bei ihrer Wiederaufnahme in *Les Plaisirs et les Jours* hat Proust seinen Texte aus der *Revue blanche* die kitschige Spitze genommen.

101 Wir nehmen an, Proust habe den Ausflug nach Crestalta zusammen mit Mme. Howland unternommen. Der Campfèrersee liegt einem dort zu Füßen; talaufwärts erblickt man den Silvaplanersee und den Silsersee. »Von allen Sommerwirthschaften des Oberengadins«, schreibt Caviezel (*op. cit.*, S. 93), »bietet Crestalta wohl am meisten Malerisches dar: spiegelglatte, die Umgebung wiederstrahlende Seen, liebliche Dörfer, blumige Wiesen, vereinzelte Baumgruppen und zusammenhängende Waldreviere, nebst einem ganzen Kranze von riesigen Bergeshäuptern und kleineren Gletschern im Hintergrunde in einem

weiten Panorama.« Auch Baedeker empfiehlt den Ausflug, zeigt sich jedoch von der »Sommerwirthschaft« nicht sehr angetan: »il y a un café-rest. médiocre, mais d'où l'on a une vue charmante des lacs ainsi que des chaînes de montagne de la Haute-Engadine.« (*Op. cit.*, S. 408)

102 Clarence Johnson Baker (1864–1896). Amerikanischer Komponist und Pianist.

103 *Correspondance*, Bd. I, S. 234–35.

104 Dieser Lösungsvorschlag ist auf Widerspruch gestoßen. In der *Neuen Zürcher Zeitung* vom 23./24. Mai 1998 plädiert Martin Meyer für die Einheit der Person und liest »A. G.« als Zeichen der geistigen Gegenwart von Robert de Montesquiou, dem »*ami généreux*«. Dem ist entgegenzuhalten, daß Proust seine Figuren von Anfang an nach mehreren Modellen formt, besonders aber auch, daß er sich *privatissime* meist sehr despektierlich über Montesquiou geäußert hat. Auch Michael Maar (*Frankfurter Allgemeine Zeitung* vom 13. Juni 1989) glaubt, es handle sich um Kleinbuchstaben, was die Anzahl von möglichen Deutungen vervielfacht. Ein Vergleich mit anderen handschriftlichen Dokumenten spricht allerdings eindeutig für Großbuchstaben. Maars Vorschlag wird von Jean-Daniel Morerod (*Bulletin Marcel Proust* 56, 2006) übernommen: trotzdem liest Morerod schließlich Prousts Eintrag als die Initialen von Alexandre de Gabriac, einem jungen Adligen aus Montesquious Bekanntenkreis. Für diese Lösung spricht eine Passage aus Montesquious postum erschienenem Roman *La Trépidation* (1922), in dem ein (Proust nachgebildeter) Imitationskünstler den abwesenden Gabriac nachahmt und dadurch eine »présence réelle de notre ami Alexandre de Gabriac« bewirkt. Gegen diese Lösung spricht, daß man kaum annehmen kann, Proust habe Montesquiou von seinem kryptischen Eintrag auf Sassal Masone berichtet, besonders aber auch, daß Proust 1893 Gabriac kaum kannte. Eines ist den drei Einwänden gemeinsam: Die neuen Lösungen werden vorgeschlagen, ohne daß zuvor die Argumente, die für A. = Aubert und G. = Greffulhe sprechen, entkräftet worden wären.

105 Vgl. das in der Juli/August-Nummer 1893 der *Revue blanche* erschienene Prosastück »Éphémère efficacité du chagrin«

(»Kurzlebige Wirksamkeit des Kummers« in *Freuden und Tage*, S. 165).
106 »Vor der Nacht«, in *Freuden und Tage*, S. 232.
107 »Erinnerung«, ibid., S. 238.
108 »Traum«, ibid., S. 174.
109 *Nachgeahmtes und Vermischtes*, S. 103-104.
110 Ibid., S. 246.
111 *Unterwegs zu Swann*, S. 69-70.
112 *Guermantes*, S. 111.
113 »Als ich diese Unterschiede feststellte, wurde ich von einer Begeisterung erfaßt, die, wäre ich allein geblieben, fruchtbar hätte sein können und mir so den Umweg vieler unnützer Jahre erspart hätte, die noch vergehen sollten, bevor die unsichtbare Berufung, deren Geschichte in diesem Werk erzählt wird, an den Tag trat.« Ibid., S. 557.
114 Ibid., S. 555-556.

NACHWEIS DER ABBILDUNGEN

Bibliothèque nationale de France, Paris: I
Das Engadin Ferdinand Hollers, Bündner Kunstmuseum, Chur/
  Segantini Museum, St. Moritz: VII
Proust. Documents iconographiques, Genève, Pierre Cailler: 12, 13
Patrick Chaleyssin, *Robert de Montesquiou*, Éditions d'art Somogy,
  1992: 14
Dokumentationsbibliothek St. Moritz: IV, 2, 3, 6
Eidgenössisches Archiv für Denkmalpflege, Bern: 9, 10
Élisabeth de Gramont, *Marcel Proust*, Paris, Christian de Bartillat,
  1991 (Paul Nadar/Arch. Phot., Paris/Spadem): 15
*Graubünden in historischen Photographien aus der Sammlung
  Adolphe Braun*, Basel, Birkhäuser, 1988: 16, 17
Luzius Keller: V, VI, 1, 4, 5
Kulturarchiv Oberengadin, Samedan: 18, 20
Giovanni Segantini, Kunsthaus Zürich, 1991: VIII
Magazine Littéraire, Nr. 496: Dossier Proust Retrouvé, S. 47: 11
Museum für Gestaltung, Zürich: II, III
Erwin Poeschel, *Das Burgenbuch von Graubünden*, Zürich, Orell
  Füssli, 1929/30: 7
Rätisches Museum Chur: 19
A. Rumpf, *Thusis*, Europäische Wanderbücher Nr. 15, Zürich, Orell
  Füssli: 8

Die Originalausgabe dieses Titels ist 1998 beim Insel Verlag erschienen.

ZUM AUTOR

Luzius Keller wurde 1938 geboren und lebt in Zürich. Er ist emeritierter Professor für die Geschichte der französischen Literatur von der Renaissance bis zur Gegenwart und renommierter Proust-Kenner. Unter anderem hat er die Frankfurter Ausgabe der Werke Marcel Prousts herausgegeben sowie die *Marcel Proust Enzyklopädie* im Hoffmann und Campe Verlag.